LA

TCHÉCOSLOVAQUIE

par

LOUIS EISENMANN

UNE CARTE HORS TEXTE

F. RIEDER ET Cie, ÉDITEURS

7, PLACE SAINT-SULPICE

PARIS

LA TCHÉCOSLOVAQUIE

LES ÉTATS CONTEMPORAINS

LA
TCHÉCOSLOVAQUIE

par

LOUIS EISENMANN

Chargé de cours à l'Université de Paris

UNE CARTE HORS TEXTE

F. RIEDER ET Cie, ÉDITEURS

7, PLACE SAINT-SULPICE

PARIS

MCMXXI

AVANT-PROPOS

IL n'y a point de pays, l'actuelle Tchécoslovaquie exceptée, où jusqu'ici on se soit plus occupé des Tchécoslovaques et on les ait mieux connus qu'en France ; et c'est par l'œuvre de M. Ernest Denis, le grand historien français, disciple et continuateur du grand historien tchèque Palacký, que l'étranger a tout d'abord appris quelle avait été la grandeur passée de la Bohême, et quels espoirs l'humanité pouvait fonder sur les Tchèques et les Slovaques le jour où ils seraient libres de développer sans entraves leur génie national.

Ni en France ni à l'étranger, personne ne croyait, il y a sept ans encore, que dût se rompre le lien qui rattachait les pays tchécoslovaques à l'Autriche et à la Hongrie. Les plus ambitieux ou les plus exigeants amis des Tchèques réclamaient ou espéraient une réforme constitutionnelle de la monarchie habsbourgeoise qui, la transformant selon le principe du fédéralisme ou celui de l'autonomie, abaisserait les barrières derrière lesquelles était jusque-là arrêté l'essor du peuple tchécoslovaque. Dans la monarchie elle-même, parmi les Tchèques et les Slovaques, bien rares étaient les esprits hardis ou chimériques qui se laissaient aller à entrevoir des solutions plus radicales. C'est la folle politique de l'Autriche-Hongrie, aveugle instrument de l'Allemagne, qui a fait de la délivrance définitive des peuples que depuis des siècles elle opprimait une nécessité européenne.

Des États qui ont recueilli l'héritage de la monarchie effondrée, la Tchécoslovaquie est le moins connu, celui à l'existence duquel le public, étonné et un peu désorienté, a le plus de peine à s'habituer. C'est, d'abord, que, jusqu'à la fin d'octobre 1918, l'Autriche-Hongrie la recouvrait tout entière. La Grande-Roumanie et la Grande-Serbie ont été faciles à situer sur la carte de l'Europe : depuis la guerre russo-turque et surtout depuis les guerres balkaniques, on avait eu si souvent l'occasion d'y chercher le royaume de Serbie ou le royaume de Roumanie ! La Pologne a eu beau être partagée, rayée du nombre des États; son souvenir a été conservé dans la poésie et la légende comme dans la mémoire des hommes qui avaient vécu ou dont les pères avaient vécu les insurrections, toujours entretenu par les nombreux émigrés et leurs descendants, parfois brusquement ravivé par un massacre en Lithuanie ou le martyre de petits écoliers en Posnanie. De la Tchécoslovaquie, au contraire, tout paraissait nouveau, avant tout et surtout son nom. Forgé de toutes pièces, long, compliqué, informe, rébarbatif, on a dit plaisamment de lui qu'il est la plus grande faiblesse de la jeune République. Il a été, en tout cas, une gêne pour ses débuts, il déroute encore plus d'une bonne volonté, et encourage plus d'un scepticisme. La Bohême avait une notoriété, une réputation ; pourquoi, dit-on parfois, cette manie d'affecter d'être toute neuve, cette maladresse de vouloir rompre avec un passé connu, dérouter et braver une opinion sur qui l'habitude a un si grand empire ?

Mais la Tchécoslovaquie est plus que la Bohême, et autre chose. Son nom ingrat est à lui seul un programme. Il affirme son origine nationale, la libre volonté d'union de son peuple mille ans séparé par la violence, son aspiration à être un État populaire, profondément démocratique, inspiré dans toutes ses institutions et tous ses actes de la généreuse et glorieuse devise de notre grande Révolution. Cette jeunesse, qu'on lui reproche, et qui n'est qu'un rajeunissement, si elle est peut-être, par quelque côté, une faiblesse, elle est aussi une force. La naissance de la République tchécoslovaque est contemporaine de la naissance d'un monde nouveau. Elle y est entrée en État nouveau, pénétré par une tradition ancienne et un travail séculaire du sens profond de l'intérêt national et du devoir national, mais tourné de toutes ses aspirations vers l'avenir, tendant toutes ses pensées à justifier la confiance que le monde a mise en lui, prêt de toutes ses énergies à défendre, s'il le fallait jamais, sa liberté chèrement reconquise, son indépendance qui est l'une des plus indispensables garanties de l'ordre européen né de la grande guerre et imposé à l'impérialisme germanique par le traité de Versailles.

LOUIS EISENMANN.

NOTE

SUR LA PRONONCIATION DES MOTS TCHÉCOSLOVAQUES
ET LA NOMENCLATURE GÉOGRAPHIQUE

La langue tchécoslovaque, ou, plus exactement, tchèque et slovaque, s'écrit dans l'alphabet latin ; mais quelques-unes de nos lettres y ont une valeur différente de leur valeur française, et certains sons y sont rendus par des caractères spéciaux, formés au moyen de signes « diacritiques ». Pour permettre une prononciation exacte des noms de lieu et de personnes cités dans le texte, il a paru utile de noter ces divergences et ces particularités.

Voyelles et semi-voyelles : *ě* = *yè* ; — *j* = *i* consonne (y) ; *u* = *ou* — *ú* ou *ů* = *ou* long (le premier au commencement des mots, le second surtout dans l'intérieur d'un mot) ; — *ou* = *oou*.
L'accent aigu allonge toute voyelle sur laquelle il est placé.
l et *r* à l'intérieur d'un groupe de consonnes sont des semi-voyelles devant lesquelles se prononce à demi un *e* muet : le nom de Vlček, l'écrivain slovaque, se prononce V(e)ltchek ; celui de la ville de Brno (Brünn), B(e)rno.

Consonnes : *c* = *ts* ; — *h* = toujours aspiré ; — *ch* = *ch* allemand guttural (*kh* des transcriptions orientales) ; — *č* = *tch* ; — *š* = *ch* ; — *ž* = *j* ; — *ď* *ň*, *t* (ou *d, n, t* devant un i) sont mouillées (divadlo, le théâtre = dyivadlo) ; — *ř*, son particulier au tchèque, et qui ne se rencontre pas en slovaque, se prononce *rj* (un *r* et un *j* d'une seule émission, avec un fort roulement).
L'accent tonique est toujours sur la première syllabe du mot.

La nomenclature des atlas et des cartes accessibles au public occidental est toujours essentiellement allemande. Les travaux de la cartographie tchécoslovaque, qui s'est mise à l'œuvre dès la naissance de la République, n'ont pas encore réussi à la remplacer dans l'usage étranger.
Dans certains cas, la différence du nom allemand au nom tchèque ou slovaque est assez faible : Plzeň ou Pilsen est visiblement le même mot, facile à reconnaître sous l'une ou l'autre de ces deux formes. Mais le plus souvent, elle est sensible et parfois radicale : les Tchèques nomment Liberec la ville de Reichenberg, les Allemands Hohenstadt la petite ville morave de Zabřeh. En Slovaquie, la question est encore plus complexe, car chaque localité de quelque importance a trois noms : le slovaque, qui est le plus

souvent l'original ; le magyar, officiel durant cinquante ans, jusqu'à la dislocation de l'ancienne Hongrie en octobre et novembre
1918 ; l'allemand, autochthone dans certains cantons, mais presque
toujours vestige du temps où l'administration autrichienne germa-
nisait, et cependant en général le plus répandu, grâce à la diffusion
des cartes allemandes. Là aussi il y a toute une échelle de différences,
des plus légères aux plus profondes : Žilina, Zsolna et Sillein sont,
à la rigueur, d'identification facile : mais Baňská Bystrica, Beszterczebánya et Neusohl, ou Bratislava, Pozsony et Pressburg ?

Pour éviter également d'être illogique et d'être obscur, on s'est
donc rangé au parti d'indiquer partout en première ligne le nom
officiel, tchèque ou slovaque, tel qu'il figure sur les dictionnaires
des communes publiés par l'administration de la République et
d'adjoindre entre parenthèses le nom allemand ou magyar partout
où il est ou usuel ou aujourd'hui encore plus connu à l'étranger.

On trouvera indiquées à la bibliographie sommaire qui termine le
volume les cartes les plus utiles à consulter.

Sur la carte hors-texte, pour éviter de nuire à la clarté, on n'a porté,
sauf exception, que les noms tchèques. Il sera facile au lecteur de
retrouver les noms allemands ou magyars en se reportant aux cartes
existantes. Celle qui lui est présentée ici a le mérite de donner pour
la première fois en France la nomenclature tchécoslovaque.

LA
TCHÉCOSLOVAQUIE

CHAPITRE PREMIER

L'HISTOIRE

La République tchécoslovaque a derrière elle une tradition nationale de douze siècles. Elle est pourtant un très jeune État. Le 18 octobre 1918, le gouvernement provisoire, formé de trois grands patriotes, exilés volontaires, proclama son indépendance ; le 14 novembre, à sa première séance, l'Assemblée nationale, mandataire de la nation, renouvela solennellement cette proclamation, en prononçant la déchéance de la maison d'Autriche, en déclarant rompu tout lien entre les pays tchécoslovaques et l'ancienne monarchie austro-hongroise, et en consacrant le principe républicain de la Constitution du pays. L'effondrement de la monarchie austro-hongroise, jetée bas par la victoire des Alliés, a permis à la nation tchécoslovaque de faire revivre son indépendance et son antique unité.

L'histoire des pays qui forment aujourd'hui la République tchécoslovaque a jusqu'ici le plus souvent été considérée, à l'étranger, du point de vue autrichien, c'est-à-dire comme celle d'une des parties de la monarchie des Habsbourg, et dans ses rapports avec le développement, la grandeur et les crises de l'immense domaine de famille que l'Europe a connu, jusqu'à la fin d'octobre 1918, sous le nom d'Autriche, puis d'Autriche-Hongrie. Après la disparition de l'Autriche-Hongrie, la restauration de l'indépendance nationale et la constitution des pays tchécoslovaques en une République fondée sur le principe de la souveraineté populaire, cette conception historique n'est plus justifiable. De même que, depuis Palacky, qui a rendu à la nation ses titres, les historiens tchèques, et avec eux l'historien français que le suffrage unanime de la nation tchécoslovaque compte comme l'un des leurs, M. Ernest Denis, ont traité l'histoire des pays tchécoslovaques comme une histoire nationale, qui a sa raison d'être et son centre en elle-même, et qui n'est pas simplement l'accessoire d'une autre histoire, d'une histoire étrangère, de même c'est de cette manière nouvelle qu'il faut que l'étranger s'habitue désormais à l'envisager. Elle a des contacts nombreux avec l'histoire des États de la maison d'Autriche, et à certains moments la monarchie autrichienne en est le cadre nécessaire (¹) ; mais elle est essentiellement l'histoire du peuple tchèque et slovaque, de la nation tchécoslovaque.

Dans cette histoire, qui commence au temps des grandes invasions, on distingue facilement cinq périodes, aussi diverses d'importance qu'inégales d'étendue, puisque la première comprend près de neuf siècles, et que la dernière, qui s'ouvre avec la guerre universelle, n'a point encore duré sept ans.

Établis à l'époque des grandes invasions dans les régions que depuis ils ont toujours occupées, les Tchécoslovaques y vécurent d'abord, durant près de cinq siècles, une histoire troublée et incertaine, d'où n'émergent guère que les noms des trois princes qui pour la première fois réunirent leurs tribus en un État : Samo, au VIIᵉ siècle, un marchand franc devenu roi, qui fit la guerre à notre Dagobert II ; Rostislav et Svatopluk, contemporains des fils de Louis le Débonnaire, qui créèrent l'empire de Grande-Moravie, où les

---

1. On trouvera une esquisse de l'histoire de l'Autriche-Hongrie dans le volume publié dans la même collection par M. Marcel DUNAN (*L'Autriche*, 1921).

apôtres slaves Cyrille et Méthode apportèrent le christianisme. Les évêques allemands, à leur tour, entreprirent de convertir les Slaves, et de ces disputes religieuses naquit une guerre où les Allemands appelèrent à leur secours les Magyars, qui venaient de s'établir en Hongrie. Ceux-ci, en 906, conquirent la Slovaquie, et l'unité tchécoslovaque fut ainsi rompue pour dix siècles, jusqu'à 1918. Les pays tchèques au contraire, les « trois pays de la couronne de Bohême », se dégagèrent, au cours du Xe siècle, de l'emprise allemande qui s'était étendue sur eux. Sous la dynastie nationale des Přemyslides, ils furent, à deux reprises, le centre d'une grande puissance qui s'allongeait jusqu'aux rives de la Baltique et de l'Adriatique. Leur plus grand roi de cette période est Otakar II (Ottocar), l'adversaire malheureux de Rodolphe de Habsbourg. Avec les souverains de la maison de Luxembourg, successeurs des Přemyslides, la Bohême s'éleva au rang des plus grands et des plus glorieux États de l'Europe, en se pénétrant d'influence française. Charles IV, fils de Jean de Luxembourg, ce Jean l'Aveugle qui se fit tuer à Crécy, élevé en France, fonda l'archevêché et l'université de Prague, celle-ci fille aînée de l'Université de Paris, et embellit la ville de monuments édifiés par des architectes français. Au contact de l'esprit français, l'esprit national prenait conscience de lui-même. Son réveil, coïncidant avec un grand mouvement des âmes, ouvre la période glorieuse où la nation tchèque se place au premier plan de l'histoire de l'Europe, la période hussite.

Le mouvement né de la prédication de Jean Hus, et qui a agité l'Europe durant la première moitié du XVe siècle, est tout ensemble moral, social et national. La corruption de l'Église ; la perversion de la société où, sous l'influence des doctrines de soumission prêchées par l'Église corrompue, la distance entre les classes grandit, le fossé se creuse, l'ancienne liberté démocratique fait place à l'obéissance et au servage ; l'audace croissante des Allemands qui, à la faveur des privilèges par lesquels les rois les ont attirés pour développer le commerce et l'industrie du pays, se sont transformés d'hôtes en maîtres exigeants, et disputent aux

Tchèques leur patrie ; voilà les trois objets de l'ardente prédication de Hus et de ses disciples. Favorable tout d'abord au mouvement de réforme, la royauté, sous le règne du faible et lâche Sigismond, se tourne contre lui, et Jean Hus, par la trahison de Sigismond, est brûlé vif à Constance, sur l'ordre du concile. A la voix du pape, une armée de croisés, surtout allemands, se jette sur la Bohême ; mais les Tchèques, les Taborites, comme on les appelle, du nom de la montagne où ils se réunissent, défont les envahisseurs, et, passant à l'offensive, promènent à travers l'Allemagne leurs terribles chars de combat, instruments d'une tactique nouvelle, et établissent leurs camps, véritables villes errantes, jusque sur les bords de la Baltique. La lutte se termine par leur victoire ; mais ce grand effort les a épuisés. Sans cesse agités de querelles religieuses et de conflits sociaux, gouvernés, sauf durant le règne heureux du roi national Georges de Poděbrad, par des souverains étrangers, de la maison de Pologne, sous lesquels s'étend l'anarchie, les pays de la couronne de Bohême passent, en 1526, en même temps que la Hongrie, sous le sceptre de Ferdinand Ier, archiduc d'Autriche, frère de Charles Quint, et plus tard empereur. Le nouveau roi et ses successeurs ont beau jurer de respecter l'indépendance et les libertés du royaume, tout leur effort tend à le souder inséparablement à leurs États allemands, et à le germaniser. Leur catholicisme ardent les oppose à leurs sujets tchèques, en grande majorité hussites ou protestants. Le conflit, latent depuis l'avènement des Habsbourg au trône de Bohême, éclate en 1618, par la fameuse défenestration de Prague, qui ouvre la guerre de Trente ans. Deux ans après, en 1620, l'armée impériale écrase la révolte à la bataille de la Montagne Blanche, près de Prague, et la nation tchèque, décapitée, tombe dans un oubli de plus de deux siècles.

La répression autrichienne supprime l'ancienne aristocratie autochtone, dont ne subsistent que les quelques familles ralliées aux maîtres étrangers, et lui substitue une nouvelle aristocratie tout autrichienne, donc tout allemande. Elle décime la bourgeoisie tchèque, qui cherche dans l'exil la liberté de sa foi religieuse. En Bohême, désormais, il n'y a plus de Tchèques que des paysans ; tous les éléments sociaux supérieurs sont allemands. Marie-Thérèse, par ses réformes administratives, effaçant les dernières traces et presque jusqu'au souvenir de l'ancienne indépendance, absorbe le royaume dans le nouvel État autrichien centralisé et germanisé. Mais son fils Joseph II, pour avoir voulu achever hâtivement et brutalement l'entreprise qu'elle avait poursuivie avec plus de précaution et de douceur, provoque la réaction du sentiment national tchèque, favorisée par le grand souffle libérateur de la Révolution française. Des linguistes, des philologues, des archéologues, des historiens rendent à la nation tchèque conscience d'elle-même, de sa valeur, de ses titres et de ses droits. Vers 1830, le mouvement devenant politique, la revendication des droits de la race se confond avec celle de l'autonomie ou de l'indépendance du royaume. Ainsi lorsque la Révolution de 1848 renverse l'Autriche vermoulue de Metternich, la Bohême obtient de l'empereur d'Autriche la reconnaissance de son individualité historique et de l'égalité des langues tchèque et allemande. En même temps, dans la Hongrie qui se dégage des entraves du régime féodal, les Slovaques réclament leurs droits de nationalité libre et égale aux Magyars.

Le demi-siècle qui s'étend du commencement de la Révolution de 1848 au début de la guerre mondiale est rempli par la lutte de la nation tchécoslovaque pour maintenir, consolider et étendre la liberté qu'elle a conquise ou revendiquée en 1848. Payée d'ingratitude pour sa fidélité à la maison d'Autriche durant la Révolution, sacrifiée aux Allemands de 1849 à 1867, elle est, à la conclusion du Compromis austro-hongrois, coupée en deux par la nouvelle organisation dualiste de la monarchie. En Autriche (Cisleithanie), le système de gouvernement et la loi électorale mettent les Tchèques en minorité permanente et nécessaire en face des Allemands ; en Hongrie (Transylvanie), les Slovaques sont livrés aux Magyars : bien qu'ils forment le dixième de la population du royaume, ils n'ont à la Chambre des représentants qu'un deux-centième, un demi pour cent, des sièges de députés. En dépit de ces entraves, les Tchèques, par un effort national soutenu, méthodique, acharné, arrivent peu à peu à devenir pour les Allemands de redoutables rivaux ; le gouvernement autrichien non seulement doit compter avec eux, mais est à plusieurs reprises obligé de s'appuyer sur eux. Moins avancés et moins heureux, dans la Hongrie plus arriérée, les Slovaques parviennent bien à donner à leur population paysanne un peu plus d'organisation économique et de sens national, mais ils ne réussissent pas à lui assurer la moindre part d'influence sur ses destinées, dont la classe dominante magyare reste seule maîtresse ; et leurs protestations même les plus modérées sont réprimées avec violence. Rivale et ennemie de la Russie, alliée et vassale de l'Allemagne, l'Autriche-Hongrie est nécessairement hostile aux Slaves, et cette hostilité s'accentue encore dans les dernières années qui précèdent et préparent la guerre.

L'ultimatum à la Serbie (23 juillet 1914), qui révèle la volonté de Vienne d'écraser un peuple slave, d'asseoir définitivement l'influence germanique dans les Balkans et d'aider l'Allemagne à établir son hégémonie en Europe, ouvre la dernière période de cette histoire. Profondément atteints dans leur sentiment slave par le traitement infligé à la Serbie, inquiets, pour elle et pour eux-mêmes, de la menace qui pèse sur elle, contraints de reconnaître que tout leur avenir est en jeu, toute leur existence, tout le résultat du travail national obscurément poursuivi depuis près de trois siècles et du relèvement conquis par un effort patient et acharné, éclairés enfin, malgré eux-mêmes, sur les véritables intentions de l'Autriche à leur égard et sur son incurable germanisme, ils prennent, du premier jour, position contre elle, et, durant les quatre ans et trois mois de la guerre, ils ne cessent de la combattre par tous les moyens, à l'intérieur sabotant sa mobilisation, son administration, son moral, à l'extérieur dressant contre elle leur propagande, leurs volontaires et bientôt les armées qu'ils forment de leurs régiments passés aux Alliés. A la barbe de la police la plus soupçonneuse, une communication régulière s'établit entre les patriotes émigrés et ceux qui sont restés au pays, procurant aux Alliés d'inestimables renseignements sur la faiblesse de l'Autriche, répandant en Autriche, sur la force

et sur les objectifs politiques des Alliés, les nouvelles les
plus propres à entretenir le courage des Tchécoslovaques
et à miner la résistance autrichienne et magyare. D'abord
réduite à l'action secrète par un régime de terreur, qui
multiplie les condamnations et les exécutions, l'opposition
tchèque a, dès le printemps de 1917, la puissance et le
courage de s'affirmer publiquement, de mettre en accusation à la tribune et dans la presse le régime autrichien, de
proclamer la sympathie des Tchécoslovaques pour les
Alliés, et leur solidarité avec leurs compatriotes qui, sur
tous les fronts, luttent, sous les drapeaux alliés et bientôt
sous leur drapeau national, pour la libération de leur patrie.

Les émigrés, au début, n'ont été que des exilés volontaires,
des isolés, sans autre autorité aux yeux de l'étranger que
leur valeur personnelle, leur patriotisme et les services
qu'ils rendaient déjà aux Alliés. Mais ces services mêmes,
la considération croissante qu'ils en retiraient, les nouvelles
qui, en dépit de la censure autrichienne, filtraient à travers
la frontière et révélaient aux politiques et à l'opinion des
pays en guerre contre l'Allemagne les vrais sentiments et
la vraie attitude des Tchécoslovaques, les amenèrent à la
fin de 1916 à se constituer en un Conseil national des pays
tchécoslovaques, organe officieux de l'action et des aspirations d'un peuple condamné au silence par l'oppression
étrangère. Lorsque, le 10 janvier 1917, les Alliés adressèrent
au président Wilson leur note sur les offres de paix allemandes, les Tchécoslovaques y furent mentionnés parmi
les peuples qui devaient être libérés d'une domination étrangère : ce fut la première entrée officielle de la question
tchécoslovaque parmi les problèmes internationaux. Au
fur et à mesure que se constituèrent, en 1917 et 1918, les
armées nationales, formées des prisonniers tchécoslovaques
qui s'étaient de propos délibéré rendus en masse aux
troupes alliées pour cesser de servir par contrainte les
ennemis de leur nation, le Conseil national passa avec les
gouvernements alliés des conventions qui, lui accordant
sur ses armées nationales une juridiction politique, conte-
naient en fait la reconnaissance officieuse au moins et partielle de sa qualité de gouvernement. La reconnaissance
officielle, à une nuance près, lui vint en août et septembre

1918, après les premiers engagements où ses armées avaient prouvé leur valeur. En octobre, presque simultanément, le gouvernement provisoire de Paris proclamait l'indépendance de la République tchécoslovaque et les députés tchèques au Parlement de Vienne déclaraient la sécession de la nation tchécoslovaque et quittaient le Reichsrat. Le 28 octobre, un autre gouvernement provisoire se formait à Prague, de Tchèques et de Slovaques, et proclamait à son tour, sur le sol de l'ancienne Autriche-Hongrie, l'unité de la nation et l'indépendance de l'État ; trois jours plus tard les deux gouvernements provisoires se fusionnaient. Le 14 novembre, enfin, l'Assemblée nationale constituante ouvrait ses séances en proclamant l'achèvement de l'unité de la nation dans la République tchécoslovaque indépendante.

Reconnu par les Alliés avant même que de naître, l'État tchécoslovaque figure au milieu d'eux parmi les puissances signataires des traités de Versailles, Saint-Germain, Sèvres, Neuilly et Trianon, et entre dans la Société des Nations. Son statut territorial a été fixé par ces traités, qui ont notamment déterminé sa frontière slovaque, et par l'arrangement d'août 1921, qui a cédé à la Pologne la partie occidentale du duché de Těšin (Teschen). Son organisation politique a été établie par le vote de la Constitution en février 1920 ; et, avec l'ouverture du premier Parlement constitutionnel, issu des élections d'avril 1920, la vie publique normale a commencé dans la République nationale des Tchèques et des Slovaques réunis après mille ans de séparation et de longs siècles d'oppression.

CHAPITRE II

LE SOL. LA POPULATION

I. — LE TERRITOIRE ET LES FRONTIÈRES.

Sur la carte politique de l'Europe, la République tchécoslovaque apparaît aujourd'hui comme un État continental,
de forme ovoïde, allongé en s'amincissant du Nord-Ouest
au Sud-Est. Dans sa plus grande longueur, de Cheb (Eger),
à la rencontre de la Forêt de Bohême et des Monts Métalliques, jusqu'aux sources de la Tisa blanche, dans les Carpathes, c'est-à-dire sensiblement entre le 10e et le 22e degré
de longitude Est de Paris, elle mesure, à vol d'oiseau,
1.000 kilomètres ; dans sa plus grande largeur, entre la
frontière de Saxe et celle de Haute-Autriche (51° et 48°30
de latitude Nord), le long du 12° degré de longitude Est,
ou encore le long du 16°, entre Bohumin (Oderberg), nœud
de chemins de fer à la frontière de la Haute-Silésie, et
Komarno (Komorn), la vieille forteresse du Danube (49°50
et 47°30), elle en compte de 250 à 300. Sa superficie totale
est de 140.576 kilomètres carrés, sa population est officiellement évaluée aujourd'hui à 13.594.973 habitants, ce qui
donne une densité moyenne de 97 habitants au kilomètre
carré. Le chiffre de la superficie est susceptible d'un très
léger changement, selon le résultat des délimitations sur
le terrain ; celui de la population, fondé sur le recensement
de 1910, sera, sans nul doute, modifié par les résultats du
premier dénombrement tchécoslovaque, qui a eu lieu en

février 1921. Mais les résultats fragmentaires connus jusqu'ici donnent à admettre que cette modification sera beaucoup moins forte qu'il ne semblait tout d'abord.

Le territoire de la République comprend donc, à considérer la géographie historique :

1º Tout l'ancien royaume de Bohême, dans ses frontières historiques, rectifiées sur un seul point, au Sud-Ouest, au voisinage de la ville de Cmunt (Gmünd) où elles ont été avancées vers l'Est, pour laisser à la Tchécoslovaquie la gare de Cmunt, tête de deux lignes de chemin de fer très importantes ;

2º Tout l'ancien margraviat de Moravie, à quoi s'ajoute au Sud, à la jonction des rivières Dyje (Thaya) et Morava (March), une bande de terrain prise sur la Basse-Autriche, pour laisser en territoire tchécoslovaque le chemin de fer de Břeclava (Lundenburg) à Znojmo (Znaim) ;

3º L'ancien duché de Silésie, augmenté, au Nord-Ouest, de quelques cantons de l'ancienne Haute-Silésie prussienne qui sont peuplés de Tchèques, et diminué au Nord-Est de la partie du pays de Těšin passée à la Pologne (à l'Est du chemin de fer de Bohumin à Čaca) ;

4º La Slovaquie, détachée de l'ancien royaume de Hongrie, dont les limites sont au Sud le Danube jusqu'au confluent de l'Ipel (Eipel, Ipoly), au Nord les crêtes des Beskydes et des Carpathes, où des rectifications de frontières au profit de la Pologne ne creusent que deux entailles presque insignifiantes, et à l'Est une ligne sinueuse, conventionnelle sur la plus grande partie de son parcours qui, atteignant la Tisa au coude de Čap, s'élève de là en direction du N.-N.-E. pour rejoindre les Carpathes à la passe d'Užok ;

5º La Russie Subcarpathique, pays des Ruthènes de l'ancienne Hongrie, qui, de Čap et d'Užok jusqu'aux sources de la Tisa blanche, s'adosse à la Slovaquie et la prolonge, sa frontière du Nord sur le haut des Carpathes, celle du Sud en général à une dizaine de kilomètres de la Tisa, tantôt sur la rive droite, tantôt sur la gauche. Elle forme, dans la République tchécoslovaque, un territoire autonome, placé dans une condition spéciale. Sa grande importance est que par elle s'établit une frontière commune tchécoslovaque roumaine.

En négligeant les menues sinuosités, c'est 3.000 kilomètres de frontière terrestre que la République tchécoslovaque a à surveiller, à garder et, le cas échéant, à défendre ; soit, en chiffres ronds, 2 kilomètres par 100 kilomètres carrés de superficie, c'est-à-dire six fois plus que la France. Les inconvénients financiers et militaires de cette situation sont évidents ; ils s'augmentent encore de la mauvaise qualité d'une grande partie de cette frontière. Elle est naturelle, ou presque, sur l'immense arc convexe vers le Nord-Ouest qui s'allonge du confluent de l'Ipel et du Danube jusqu'aux sources de la Tisa blanche. Mais, sur presque tout le bord méridional de la Slovaquie, elle est conventionnelle, rarement marquée par des cours d'eau ou des crêtes de montagnes. Un souci de la justice ethnographique a fait adopter ce tracé, aussi incommode à la Hongrie qu'à la Tchécoslovaquie. C'est, au point de vue stratégique, le point faible de la République, et c'est sur cette ligne que s'est déroulée la seule guerre qu'elle ait eu à soutenir jusqu'ici, la lutte contre l'attaque magyare en mai et juin 1919.

II. — LES RÉGIONS NATURELLES.

La Tchécoslovaquie est un pays de terres hautes. Sur sa carte hypsométrique, la teinte d'altitude dominante est celle de 300 mètres et au-dessus. Le sol de la Bohême, du Nord de la Moravie et de la Silésie occidentale est un vieux plateau granitique qui appartient aux plus anciens soulèvements de l'Europe ; et en Slovaquie les montagnes, Tátry (Tátras), Métallifères, Petites Carpathes, forment un noyau de terrains anciens qui fait face à la Bohême. Entre les deux se glisse la vallée de la Morava, plaine fertile qui, franchi l'obstacle des Petites Carpathes, se continue entre le Danube et les montagnes slovaques dans le bassin de Bratislava (Presbourg), l'ancienne « petite plaine hongroise ». Au delà du massif des Tátry, à l'Est, les hauteurs des Carpathes sont bordées au Sud d'une plaine fertile, dont une bande seulement appartient à la Tchécoslovaquie, le gros à la Hongrie.

En Bohême, Moravie et Silésie, les montagnes tracent les contours du pays, dans les trois chaînes bordières du losange de Bohême : Český Les, (Forêt de Bohême, Böhmerwald) ; Rudohoří (Monts Métalliques, Erzgebirge) ; Kekonoše (Monts des Géants, Rièsengebirge), puis dans le Jesenik (Gesenke). Les altitudes restent partout au-dessous de 1.500 mètres, sauf au sommet culminant, dans les monts des Géants, la Sněžka (Schneekoppe), dont la cime est traversée par la frontière entre Prusse et Bohême. Toute cette ceinture de montagnes, couverte d'épaisses forêts, surtout de pins superbes, traversée par de frais cours d'eau, aux pentes parfois très rapides, est une région touristique de grand intérêt : elle abrite des curiosités naturelles comme la ville de rochers de Teplice (Wekelsdorf), des stations de cure d'air, telles Špičák (Spitzberg) tout près du col de Železná Ruda (Eisenstein), ou Spindelmühle, au pied de la Sněžka, des thermes connus ou célèbres, Jánské Lázně (Johannisbad), sur les premières terrasses des Monts des Géants, Marianské Lázně (Marienbad), à l'entrée de la Forêt de Bohême, Františkovy Lázně (Franzensbad), et Jáchymov (Joachimsthal), la ville du radium, dans les Monts Métalliques ; et dans la vallée de l'Ohře (Eger), qui court aux pieds des Monts Métalliques, se trouve la plus fameuse des villes d'eaux de Bohême, dont la réputation est universelle, Karlovy Vary (Carlsbad).

Ces montagnes entourent un plateau qui n'est guère coupé que de deux petites chaînes, toutes deux orientées du S.-O. au N.-E. Les Brdy, allongées entre la Forêt de Bohême et le confluent de la Berounka et de la Vltava, près de Prague, culminent à l'altitude de 857 mètres ; les hauteurs de Moravie (Vrchovina Českomoravská) sont la falaise méridionale du plateau qui, cette barrière franchie, descend en pente douce vers la vallée danubienne ; comprises entre la Lužnice, affluent de droite de la Vltava, et la Morava, affluent de gauche du Danube, elles séparent les eaux qui vont à la mer Noire de celles qui se dirigent vers la mer du Nord. Leurs plus hauts points ne dépassent guère non plus 800 mètres, et l'entaille des vallées qui se répondent sur leurs deux versants y ouvre de nombreux passages, où sur les routes, et depuis un demi-siècle sur les chemins de fer, s'est développé un actif courant d'échanges entre les pays de l'Elbe (Labe en tchèque) et ceux du Danube.

Le paysage du plateau de Bohême n'est pas monotone. Des collines au profil arrondi lui donnent souvent de la variété ; le cours sinueux des rivières encaissées y met brusquement son charme romantique ; certaines de ces vallées, celle de la Sázava au Sud de Prague, de la Berounka à l'Ouest, de la Lužnice à Tábor, sont d'un pittoresque saisissant et parfois d'une grandeur un peu sauvage. Au Sud-Ouest, dans la région de Budějovice (Budweis), les vastes étangs que séparent des bois épais donnent aux larges étendues où se perd le regard une mélancolie douce sur laquelle flotte comme un peu de mystère.

Entre les granits de Bohême et ceux de Slovaquie, que borde vers l'Ouest une bande crétacée, s'insère la large coulée de terrains récents où passe la Morava, frontière des montagnes de Bohême et des Carpathes, sillon profond qui, par la Bečva, affluent de gauche de la Morava, mène à la Luna, affluent de gauche de l'Oder (Odra), ouvrant ainsi de la plaine de Pologne aux Alpes danubiennes le fameux passage de la Porte morave. Dans la géographie comme dans l'ethnographie et dans l'histoire, la Moravie est une région de transition. Naguère plus soumise que la Bohême à l'attraction de Vienne (Brno, Brünn, en était, il y a vingt ans encore, tenue presque pour un faubourg), tchèque au Nord-Ouest par la population et la langue, puis passant au slovaque par une insensible dégradation du type et du dialecte, pour la religion aussi intermédiaire entre la Bohême hussite et la Slovaquie profondément catholique, sa personnalité est moins marquée, son individualité moins tranchée que celle des régions protégées par leurs montagnes. Ses frontières courent au Nord-Ouest sur les hauteurs bohêmes-moraves, au Sud-Est sur la crête des Carpathes blanches ; vers le Nord-Est, elle arrive au contact direct de la Haute-Silésie, par une pointe qui, s'insérant entre les deux parties de la Silésie tchèque, les coupe l'une de l'autre, et qui porte le puissant bassin houiller et métallurgique d'Ostrava-Vitkovice (Ostrau-Wittkowitz). Tandis qu'à l'Est du Jesenik la Silésie occidentale ou d'Opava (Troppau) a la nature physique de la Bohême des Monts des Géants, dont la sépare, enfoncé entre elles comme un coin, le bassin de Glatz, la Silésie orientale ou de Těšín (Teschen), dont la moitié a passé à la Pologne en 1920, s'adosse aux Beskydes. De sa haute plaine ondulée les pentes s'élèvent doucement vers les sommets de 1.000 à 1.300 mètres, entre lesquels s'offrent, autour de 500 à 550 mètres, les défilés qui donnent accès dans la vallée du Váh, au coude où, passant de sa direction Est-Ouest à son cours Nord-Sud, il ouvre les deux grandes routes de la Slovaquie, la verticale vers le Danube, l'horizontale, au pied des hautes montagnes, vers la Tisa.

Si la Bohême est une cuvette aux hauts rebords, et la Moravie un entonnoir allongé entre deux rangées de collines, la Slovaquie, elle, est essentiellement un éventail de montagnes, ouvert du Nord-Ouest au Sud, et bordé sur tout son déploiement d'une frange plus ou moins large de plaines. Une carte en relief la montre avec un aspect de Suisse. L'altitude certes, manque : les sommets les plus orgueilleux ne dépassent guère 2.500 mètres, et le géant, l'ancien pic François-Joseph, aujourd'hui pic Masaryk, ne porte sa cîme qu'à 2.663. Mais l'impression du fouillis montagneux, de la masse heurtée, tourmentée, déchiquetée, disloquée, convulsée, est peut-être encore plus puissante que dans les Alpes suisses. Le nœud du système montagneux est ici la haute Tátra : serrés sur une longueur qui à vol d'oiseau ne dépasse pas 20 kilomètres, les pics illustres, Krivan, Morskie Oko (Meeraugspitze), pic de Tátra, Gerlachova (Gerlsdorferspitze), pic de Lomnica, dressent vers le ciel leurs arêtes dont la nudité cristalline, d'un rose qui vers le soir devient violet dans des reflets rouges, se détache en un saisissant relief au-dessus de la masse noire des forêts arrêtée à 1.000 mètres plus bas, aux environs de 1.400. Autour de ce massif central s'ordonne une série de chaînes dont l'envergure entre les cours du Váh et de l'Ondava, affluent du Bodrog et par lui de la Tisa, atteint près de 300 kilomètres. Des vallées latérales, orientées vers l'Ouest ou vers l'Est, coupent la région montagneuse en une série de cuvettes ou de bassins nettement séparés et parfois presque isolés, très propres au développement d'une vie cantonale. Le centre géologique de la région est le massif trachytique des Monts Métalliques, autour de Štiavnica

(Selmeczbánya, Schemnitz); et la lisière méridionale de la Slovaquie montagneuse est bordée d'un demi-cercle de hauteurs volcaniques. La frontière politique, qui, dans l'ensemble, en a suivi le tracé, a donc plus de vérité naturelle que ne le donnerait à croire son aspect capricieux. Après l'Ondava, les Carpathes occidentales, de structure semi-alpine (mais avec trois zônes seulement de terrains, au lieu des cinq des Alpes) font place aux Carpathes orientales, où manque l'armature de terrains anciens et qui, au lieu de projeter des massifs rayonnants, se resserrent sur elles-mêmes. Leurs chaînes, en territoire tchécoslovaque, conservent d'ailleurs une largeur de 50 à 60 kilomètres, double ou plus que double de celle de la plaine qui s'étend à leurs pieds, le long de la Tisa, sur 150 kilomètres de longueur, en pendant exact à la plaine danubienne qui, sur l'autre face de l'éventail, allongée entre Bratislava, Sered' et l'Ipel sur plus de 100 kilomètres, s'étale par endroits jusqu'à 60 kilomètres de largeur.

III. — L'HYDROGRAPHIE.

État purement continental, comme l'était seule avant la guerre la Suisse, comme le sont aujourd'hui, outre elles deux, l'Autriche et la Hongrie nouvelles, la Tchécoslovaquie envoie ses eaux vers trois mers : mer du Nord, mer Noire et Baltique. Le bassin de celle-ci n'embrasse que le vingtième du territoire de la République, et à l'extrême périphérie Nord ; les fleuves et les rivières qui le forment, l'Oder et ses affluents et le Poprád, dont le Dunajec porte le tribut à la Vistule, n'y sont point navigables. 35 % du sol tchécoslovaque sont tributaires de l'Elbe, et 60 % du Danube.

Lorsque l'Elbe et la Vltava se rejoignent à Mělník, c'est l'affluent qui apporte le plus fort volume d'eau, c'est lui qui, sur des centaines de kilomètres déjà, a porté radeaux et bateaux, et c'est lui dont le fleuve continue la direction. Née dans les Monts des Géants, presque au pied de la Sněžka, l'Elbe, dans un arc de près de trois quarts de circonférence, recueille les courtes rivières, qui, des pentes montagneuses du Nord-Est et de l'Est de la Bohême, descendent vers le centre du bassin. Mais la Vltava draîne plus des trois cinquièmes de la cuvette, tout l'Ouest d'une ligne tirée de Prague à Brno. Depuis le coude brusque qui, à 80 kilomètres environ de sa source et au point le plus méridional de sa course, la redresse du Nord-Ouest-Sud-Est au Sud-Nord, c'est presque droite que, de Vyšší Brod (Hohenfurth), où elle devient navigable, jusqu'au défilé de Schandau, par où pénètre en Saxe l'Elbe où elle s'est jetée à Mělnik, elle traverse la Bohême, traçant comme la diagonale de ce gigantesque losange. Mais autour de cette ligne droite elle serpente en mille sinuosités, entre les falaises hautes parfois de 100 à 150 mètres où elle a dans la roche dure creusé son lit étroit, coupé de rapides dont la correction ne se fait que petit à petit. Comme elle, ses affluents, symétriquement disposés en deux paires qui lui amènent les eaux de la Forêt de Bohême et celles des collines de Moravie, sont profondément encaissés. C'est sans doute la difficulté de sa vallée et l'aspérité des plateaux élevés de Haute-Autriche dont elle ouvre le chemin qui ont assuré plus de renom et d'importance humaine à l'Elbe, car celle-ci, ayant en plaine la moitié de son cours, conduit par ses affluents aux passages plus praticables du Nord des collines de Moravie, portes de la Morava et du Danube. Après Mělnik, le fleuve ne reçoit plus qu'un grand affluent, l'Ohře (Eger), sur sa rive gauche, née en terre bavaroise, à quelques kilomètres des sources du Main. Dans l'étroit défilé qui commence entre Podmokly et Děčín (Bodenbach et Tetschen) pour finir à Schandau s'engouffrent, ramassées en un seul courant, les eaux de toute la Bohême, attestant la puissance d'une unité géographique qui en Europe n'est égalée ou dépassée que par celle du bassin de Hongrie.

Sur 175 kilomètres de longueur, du confluent de la Morava, à Devín (Devény, Theben) jusqu'à celui de l'Ipel, en aval d'Esztergomv (Gran), le Danube forme la frontière de la Tchécoslovaquie. Il reçoit d'elle sur ce parcours, par la Morava, toutes les eaux nées au Sud des collines de Moravie et du Jesenik (la Morava elle-même a sa source vers l'extrême pointe du bassin de Glatz) ; par le Váh, celles qui des-

cendent des hauteurs des Tátry et de la Magura ; par la
Nitra, le Hron (Gran) et l'Ipel, le tribut du Massif
Métallifère. Large, lent, paresseux, se dispersant sur les
sables et les cailloux qu'il a entraînés dans son cours alpin
et qu'il dépose ici, le Danube, entre Bratislava et Komárno,
coule en trois bras, dont la frontière suit le principal, celui
du milieu, tandis que celui de l'Est, le Petit-Danube, limite
la grande île de Žitný Ostrov (Csallóköz, Grosse Schütt-
Insel). Passé Komárno, il se resserre pour entrer dans le
pittoresque défilé de Visegrad, qui est en territoire hongrois.
De ses affluents slovaques, rivières de montagne qui, par
la rapidité de leur cours, forment un si frappant contraste
avec le grand fleuve de plaine qu'il est lui-même devenu
depuis Vienne, le plus long, le plus puissant et le plus pittoresque est le Váh (Vág, Waag) qui, sur 400 kilomètres,
se déroule en un vaste croissant, d'abord d'Est en Ouest,
bordé de montagnes sur ses deux rives et étranglé, au passage des chaînes qu'il coupe, dans des défilés dominés par
des ruines romantiques, ensuite du Nord au Sud, plus étroitement serré encore jusque vers Trenčín, pour déboucher
après cette ville dans la plaine qui, à partir de Sered',
s'élargit en un vaste triangle. Tandis que l'amplitude sai-
sonnière du Danube est de 1 à 200, celle du Váh et de la
Morava est de 1 à 100, mais celle de l'Ipel va de 1 à 400.
Par leur régime torrentiel et leur forte pente, les rivières
slovaques sont impropres à la navigation, à moins de travaux délicats et coûteux.

Le versant oriental du massif slovaque est tributaire de
la Tisa, qui porte aussi au Danube les eaux des Carpathes
orientales. Sur les 1.400 kilomètres de son cours, elle n'en
a guère que 200 en territoire ou sur la frontière tchécoslovaques .Elle y prend, sur des terrains couverts de sable des
Carpathe :et dans une région très arrosée de pluies, l'abondance qui parfois, dans son cours inférieur, rend ses crues
soudaines redoutables aux villes de la plaine magyare. Le
Hornád, dont la source est toute proche du seuil de Štrba,
au voisinage de celles du Poprád et du Váh, la Tisa et la
Slaná (Sajó), née dans les monts Métallifères, à quelques
kilomètres du Hron, réunissent leurs eaux en terre hongroise pour les porter à la Tisa. La haute vallée du Hornád,

encaissée, boisée, pittoresque, parfois sauvage, prolonge
la ligne du Váh et coupe la Slovaquie septentrionale et orientale d'un couloir qui donne passage à la grande ligne maîtresse de la République tchécoslovaque, celle qui fait communiquer la Bohême, la Moravie, la Silésie et même la Slovaquie occidentale avec les régions de lá Tisa jusqu'à la frontière roumaine.

IV. — LE CLIMAT.

Le climat de la République tchécoslovaque est intermédiaire entre le climat océanique de l'Europe occidentale et
le climat continental de l'Europe orientale. L'hiver, plus
sensible qu'en Occident, reste loin des rigueurs de la Russie,
l'été est chaud, sans connaître les ardeurs de la plaine hongroise. La plus grande partie du territoire est comprise dans
l'isotherme de 8º de moyenne annuelle ; seules, les montagnes bordières de Bohême et les hautes chaînes des Carpathes descendent jusqu'à 5º. Mais cette moyenne est la
résultante de températures de janvier et de juillet fort
diverses, en Bohême — 2º5 et + 18, en Moravie (Brno)
— 2º5 et + 20º), dans le massif slovaque (Rožnava,
Roznyó, Rosenau, vallée de la Slaná) — 4º5 et + 19º5,
à Komárno, dont la moyenne annuelle atteint d'ailleurs
9º7, — 2º5 et + 20º5. Grâce à la chaleur de l'été, bien des
cultures deviennent possibles ou rémunératrices malgré la
longueur des hivers (la période de gelée est en Bohême de
trois mois, décembre à février), et l'on voit, au Nord du
50e degré, le paradoxe des vignes de Mĕlník et de Černoseky,
où les vieux plants de Bourgogne donnent un vin fort et
froid. Les pluies, apportées par les vents d'Ouest, sont peu
abondantes, sauf dans les régions montagneuses (au centre
de la Bohême, de 400 à 600 millimètres par an) ; mais, assez
heureusement réparties sur toute l'année, avec prédominance en été, elles suffisent en général à préserver le pays
des inconvénients de la sécheresse, et ont protégé l'intérieur
de la Bohême, qui y est le plus exposé, du danger de devenir
une steppe aride, semblable à certaines parties de l'Alföld
hongrois.

V. — L'ethnographie.

L'ethnographie de la République tchécoslovaque, sous une apparence fort compliquée, est en réalité assez simple. A grands traits, le territoire de la République se partage en quatre régions linguistiques bien distinctes :

1º Le domaine ethnique des Tchèques et des Slovaques, dont les limites sont : de Břeclava (Lundenburg), sur la Dyje (Thaya), jusqu'aux sources de la Svratka (Schwarzach), dans la Forêt de Bohême, une ligne sinueuse qui suit la frontière de la République à une distance maxima de 30 à 40 kilomètres, et moyenne de 10 à 15 ; des sources de la Svratka à Reichenberg (Liberec), un triangle dont le sommet est à Terezín (Theresienstadt), sur l'Elbe, à 50 kilomètres au nord de Prague ; puis une ligne droite N.-W.-S.-E., jusqu'à l'entrée de la porte de Moravie (Zauchtel, Suchdol, au coude de l'Oder), et de là une ligne droite S.-N. jusqu'à la frontière de la Haute-Silésie, au nord d'Opava ; ensuite la frontière politique jusqu'à la percée du Poprád, et une ligne droite N.-W.-S.-E. jusqu'à Užhorod (Ungvár) ; d'Užhorod à Bratislava, une ligne sinueuse, concave dans la vallée de la Slaná, convexe sur l'Ipel, concave sur le Hron jusqu'à la Nítra, convexe de nouveau entre Nitra et Váh ; et, enfin, de Bratislava à Břeclava, la frontière politique, sur la Morava. Un certain nombre d'enclaves allemandes tachètent ce territoire linguistique tchécoslovaque : celles de Jihlava (Iglau) et de Svítavy-Lanškroun (Zwittau-Landskron) sont comme les piles d'un pont brisé qui aurait, sur les hauteurs bohêmes-moraves, fermé autour du noyau tchèque de la Bohême la ceinture allemande. Les plus importantes après elles sont celles des environs de Budějovice (Budweis) et de Brno (Brünn), et, en Slovaquie, celles de la Spiš (Zips, Szepes) et des Monts Métallifères. Beaucoup de villes du territoire linguistique tchécoslovaque ont d'importantes minorités allemandes, ou, en Slovaquie, magyares, et, dans ce dernier pays, même des majorités magyares.

2º Le domaine linguistique des Allemands entoure celui des Tchèques au Sud, à l'Ouest, au Nord et au Nord-Est, de Břeclava jusqu'à Zauchtel (Suchdol). Mais cette ceinture, dont la largeur maxima varie entre 35 kilomètres à l'Ouest, 70 au Nord et 100 au Nord-Est, est en trois endroits, aux sources de la Svratka, à l'Ouest des sources de l'Elbe, et à la pointe orientale du bassin de Glatz, si fortement collée à la frontière par la poussée tchèque que seul .le voisinage immédiat de l'Empire allemand en maintient la continuité. Il y a peu d'îlots tchécoslovaques dans la région allemande, mais un assez grand nombre de ses villes ont d'importantes minorités tchèques.

3º Le domaine compact des Magyars est borné au Nord par la frontière méridionale de la langue tchécoslovaque, au Sud par les limites de la République. D'Užhorod jusqu'au confluent de la Terešva et de la Tisa, sur 125 kilomètres à vol d'oiseau, il confine au pays ruthène.

4º Le territoire linguistique ruthène (ukrainien, petit-russe) s'étend, à partir de la percée du Poprád, entre les limites des langues slovaque et magyare et les frontières de la République.

Le recensement de 1910, sur la base de la langue usuelle dans l'ancienne Autriche et de la langue maternelle dans l'ancienne Hongrie, donne 8.037.078 Tchécoslovaques, 3.747.540 Allemands, 1.071.328 Magyars, 432.760 Ruthènes. Le reste de la population est polonais (166.802, presque tous dans la partie restée tchèque de la Silésie de Teschen, la plupart d'ailleurs non pas vraiment Polonais, mais « Silésiens », dont le dialecte est intermédiaire entre le tchèque et le polonais), allogène d'autres nationalités de l'ancienne Autriche-Hongrie ou étranger. Mais l'exactitude des chiffres qui concernent les Tchécoslovaques, les Allemands et les Magyars est contestée : des méthodes de recensement défectueuses et la pression officielle ont, dit-on, désavantagé les premiers au profit des autres, que favorisaient les anciens gouvernements de l'Autriche-Hongrie. De fait, les résultats du recensement provisoire effectué en Slovaquie en 1919, des élections de 1920 et de divers sondages prêtent de la vraisemblance à cette opinion, et il est fort probable que le dénombrement du 15 février 1921 portera le chiffre des Tchécoslovaques vers 8.500.000 ou 9.000.000, aux dépens des Allemands et des Magyars.

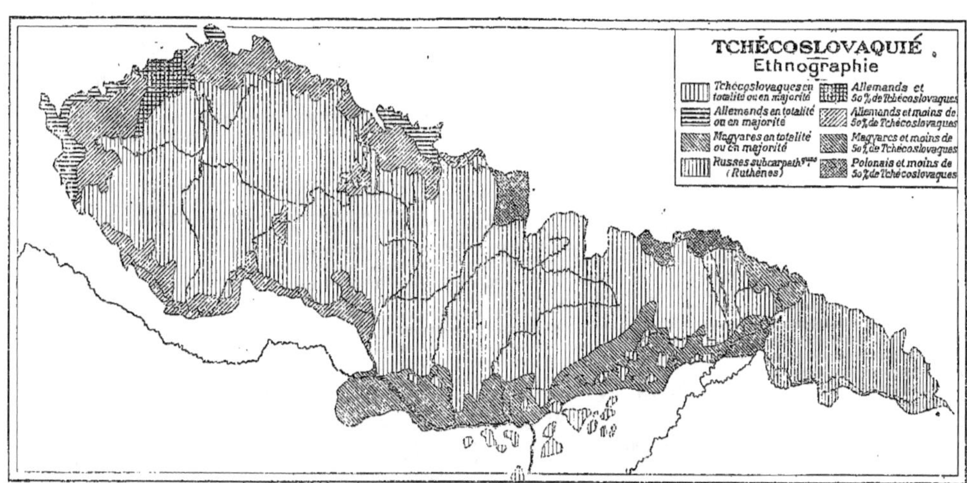

TCHÉCOSLOVAQUIÉ
Ethnographie
Tchécoslovaques en totalité ou en majorité
Allemands en totalité ou en majorité
Magyares en totalité ou en majorité
Russes subcarpath{ques} (Ruthènes)
Allemands et 5o % de Tchécoslovaques
Allemands et moins de 5o % de Tchécoslovaques
Magyares et moins de 5o % de Tchécoslovaques
Polonais et moins de 5o % de Tchécoslovaques

Le nom même de Tchécoslovaques est récent. C'est une expression politique, née durant la guerre, au moment où les représentants des Tchèques et des Slovaques se mirent d'accord pour former de leurs deux peuples une nation et un État. L'ethnographie distingue encore des Tchèques et des Slovaques, non point en vertu d'une différence anthropologique spécifique (il n'y a point d'ailleurs un type uniforme tchèque ou slovaque dans chaque groupe, au contraire on rencontre des types provinciaux et régionaux très divers), mais sur la base linguistique. Le tchèque et le slovaque ne sont pourtant que deux aspects d'une même langue : à un millier de mots près, et dont la plupart ont d'ailleurs des airs de ressemblance, le vocabulaire est commun, et c'est essentiellement la vocalisation qui distingue les deux idiomes. Jusqu'au milieu du XIXe siècle, le tchèque a été la langue littéraire des Slovaques, le slovaque restant pur dialecte régional. Il a été haussé à la dignité de langue littéraire par un mouvement un peu artificiel, d'origine surtout confessionnelle. Les Slovaques en grande majorité sont catholiques, et très catholiques ; les Tchèques, spécialement de Bohême, ont un indélébile fond hussite. C'est dans le clergé catholique qu'est née, dès la fin du XVIIe siècle, pour protéger des morsures de l'hérésie la foi slovaque, l'idée de la rupture de l'unité linguistique. Elle l'a emporté lorsque vers 1845, des patriotes, sans arrière-pensée religieuse, y ont vu le plus sûr moyen d'éveiller à la vie politique leur nation slovaque, et d'assurer son unité. Depuis 1867, la politique de l'État hongrois, inquiète et jalouse, a mis tout son effort à restreindre et à supprimer les relations intellectuelles des Tchèques et des Slovaques, à désorbiter la Slovaquie, à la couper de Prague et à l'attirer vers Budapest. Les nouvelles conditions politiques du pays vont nécessairement exercer une action en sens contraire, et petit à petit, par une évolution naturelle, le tchèque et le slovaque se rapprocheront, jusqu'à ne former peut-être qu'une langue. En fait, dès aujourd'hui, la langue ne fait point du Tchèque un étranger en Slovaquie, ni du Slovaque en Bohême. Mais la nature même du pays slovaque, dont la structure physique offre tant d'asiles aux vieilles coutumes et aux pittoresques costumes nationaux, préservera longtemps la Tchécoslova-

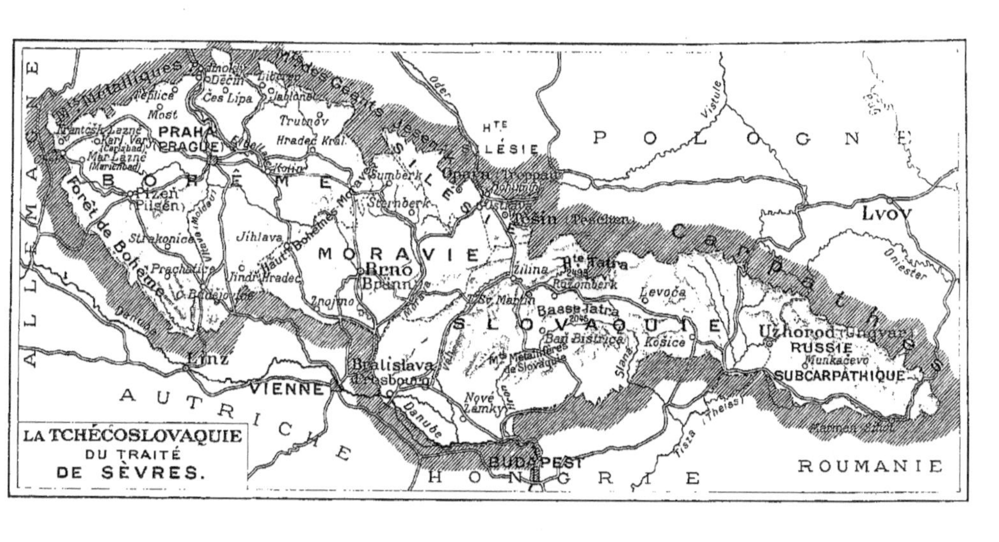

ALLEMAGNE
Mts Métalliques
Mts des Géants
POLOGNE
Vistule
Smokec
Děčín
Liberec
Teplice
Ces Lipa
Jablonec
Most
Trutnov
Jesen
Karl Var
(Carlsbad)
Mar Lazné
(Marienbad)
Frantisk Lazné
(Capladad)
PRAHA
PRAGUE
Hradec Král
SILE
HTE
SILÉSIE
Opava Troppau
Johnsdorf
Plzeň
(Pilsen)
BOHÊME
Kolín
Sumberk
Olomouc
Ostrava
Tesin
Teschen
Carpathes
LVOV
Forêt de Bohême
Strakonice
Jihlava
Haut Bohême Mora
Sternberk
Zilina
MORAVIE
Brno
Brunn
Hte Tatra
2045
Razomberk
Levoča
Dniester
Prachatice
Jindr Hradec
Danube
C. Budejovice
Znojmo
SLOVAQUIE
Se Martin
Basse Tatra
2045
Ban Bistrica
Mts Métallifères
de Slovaquie
Kosice
Uzhorod Ungvar
RUSSIE
Munkačevo
SUBCARPATHIQUE
Linz
Bratislava
Presbourg
VIENNE
Danube
Nové
Zamky
Vah
Slaná
Tisza Theiss
Ma rmen Sighet
AUTRICHE
BUDAPEST
HONGRIE
ROUMANIE
Oder
LA TCHÉCOSLOVAQUIE
DU TRAITÉ
DE SÈVRES.

quie d'une uniformité où elle perdrait son plus grand charme. Comme les belles traditions des Chodes de la Forêt de Bohême, anciens gardiens des frontières, les usages naïfs des Slovaques de Moravie, avant-garde de la vraie Slovaquie, et le goût inné qu'atteste l'art populaire de la Slovaquie, sont des trésors qui doivent être conservés.

Les Allemands de la République tchécoslovaque appartiennent à toutes les tribus de la race allemande : Bavarois et Autrichiens, Franconiens, Thuringiens, et Saxons, Frisons mêmes et Flamands. En bien des régions, le type de l'habitation villageoise trahit encore ces origines lointaines diverses, et le dialecte a conservé des traces du parler du canton natal, et parfois même presque sa pureté. Depuis longtemps, l'élément allemand des îlots dispersés et des enclaves recule devant la poussée tchèque ; dans certaines villes aussi, à Prague et à Brno notamment, les Tchèques gagnent constamment du terrain. C'est la large bande allemande du Nord et du Nord-Est de la Bohême, où ville et campagne également sont allemandes, qui est la seule position vraiment forte des Allemands dans la République tchécoslovaque. Autrefois ils trouvaient parmi les Israélites un contingent relativement plus fort que les Tchèques, et une opinion assez répandue voulait que ce fût la grande raison de leur situation dominante. Mais il y avait là une forte exagération, et aujourd'hui, en tout cas, l'élément israélite se partage entre Tchèques et Allemands presque dans la proportion exacte de la force numérique des deux nationalités.

Les Magyars de Slovaquie, en deçà de l'Ipel, sont les fils de ceux, qui, réfugiés dans les montagnes pendant les cent cinquante années de la domination turque en Hongrie, en redescendirent à la fin du XVIIe siècle pour peupler les rives et les îles du Danube. Entre Ipel et Hornád, ils appartiennent à la tribu des Palóc, l'une des plus curieuses de la race magyare par le dialecte et les coutumes, qui a fourni au romancier magyar Mikszáth tant de ses types les plus amusants. Sur cette lisière montagneuse de la plaine magyare, zône de mélange des races durant les guerres incessantes dont la Hongrie, du XIIIe siècle au XVIIIe siècle, a été le théâtre, et par suite l'une des régions ethniquement les plus bigarrées du bassin danubien, les Magyars, après

avoir marqué une grande avance grâce surtout à leur force
d'assimilation, semblent depuis une génération en recul.
Les villes y étaient leurs forteresses, dont le commerce, l'industrie, les professions libérales, et l'administration accen-
tuaient le caractère magyar et accéléraient la magyarisation.
C'est ici que le changement des conditions politiques aura
sans doute les effets les plus sensibles et les plus rapides.

VI. — LA RÉPARTITION DE LA POPULATION. LES VILLES PRINCIPALES

La densité de la population totale est la moyenne tirée
de chiffres fort divers. C'est la Silésie qui fournit le chiffre
le plus haut : 147 habitants au kilomètre carré, par suite
du développement industriel de la province. Plus généreu-
sement dotée par la nature que la Moravie, la Bohême la
précède, avec 130 habitants contre 118 par kilomètre carré.
La Slovaquie atteint juste la moitié de ce dernier chiffre,
59, et la Russie subcarpathique tombe à 47. Ces résultats
du recensement de 1910 ne seront sans doute guère modifiés
par ceux du dénombrement de 1921 ; mais il n'est guère
douteux que, rapidement, la Slovaquie se rapproche des
pays tchèques.

La Tchécoslovaquie compte trois grandes villes de plus
de 100.000 habitants : Prague, dont la population atteignait
à la fin de 1920 728.000 ; Brno (Brünn), qui en a, sur la base
du recensement de 1910, 201.000, et Moravská Ostrava
(Mahrisch-Ostrau), qui dépasse aussi 200.000. Ces chiffres
ne sont pas comparables à ceux de la période antérieure,
parce qu'ils résultent en partie d'annexions de communes
suburbaines ; le travail qui permettrait de mesurer l'accroissement de la population sur un même territoire urbain
entre deux recensements n'a pas encore été fait. L'importance de Prague est due à sa position géographique au centre
du bassin, à son rôle historique de capitale politique et
nationale, et à son industrie ; celle de Brno, à son ancienne
qualité de chef-lieu de province et à l'industrie ; Moravská-
Ostrava est une ville purement industrielle, du type west-
phalien, ou encore un Creusot en grand.

Plzeň (Pilsen) vient en tête des villes moyennes, avec 85.000 habitants, faubourgs compris, en 1910, serrée de près par Bratislava (Pozsony, Pressburg), avec 78.000 ; l'une surtout industrielle, l'autre historique, ancienne capitale de la Hongrie royale, centre administratif, résidence avant les bouleversements de la guerre d'une nombreuse aristocratie et parfois d'une cour archiducale, aujourd'hui pleine de la vie plus démocratique qui y fourmille autour du ministère de Slovaquie, du commandement militaire, de la direction des chemins de fer, des travaux du port, et dans les usines dont le nombre s'accroît rapidement. Budějovice (Budweis), Olomouc (Olmütz) et Košice (Kassa, Kaschau) sont sensiblement de même importance, ayant chacune autour de 50.000 habitants, chefs-lieux régionaux, animés par un commerce actif, Košice remplie de confiance dans son rôle de marché intermédiaire vers l'Orient européen. Un peu au-dessous d'elles pour la population viennent Ústí nad Labem (Aussig) et Liberec (Reichenberg), un peu plus loin encore Opava (Troppau), Jablonec (Gablonz), Teplice (Teplitz), Cheb (Eger) et Most (Brüx) dépassent la limite de 25.000 habitants.

Les villes du pays tchèques ressemblent, par leur aspect général, à celles de l'Allemagne et de l'Autriche. Celles de la Slovaquie sont en général d'un autre type, qui rappelle le voisinage et l'influence de la plaine magyare ; elles ont dans leurs faubourgs, et parfois en plein centre, de longues rues toutes formées de maisons basses, à simple rez-de-chaussée surmonté d'un grenier, telles qu'on les rencontre dans les quartiers extérieurs de Szeged (Szegedin) ou de Subotica (Szabadka). Dans une ville comme Košice, on est frappé de la juxtaposition de ces deux types d'habitations, l'un vraiment urbain, l'autre plus qu'à demi-rural. Les petites villes, dans la vallée du Váh ou dans les montagnes, Turčiansky Svatý Martin (Turócz Szent Márton), par exemple, qui est une sorte de capitale, sont en réalité de grands villages : seules quelques maisons plus hautes et plus spacieuses, en général groupées au centre, émergent de la masse plate qui s'allonge dans tous les sens, jusque souvent assez loin dans la campagne.

CHAPITRE III

LES INSTITUTIONS

I. — La Constitution et les pouvoirs publics.

La Constitution de la République tchécoslovaque, promulguée le 29 février 1920, établit un gouvernement républicain, dont les organes sont, comme en France, un président de la République et un Parlement formé d'un Sénat et d'une Chambre des Députés. Une révision constitutionnelle ne peut se faire qu'à une majorité des trois cinquièmes de l'effectif total dans chacune des deux Chambres.

Le président de la République est choisi pour sept ans par les deux Chambres réunies en Assemblée nationale, sous la présidence du président de la Chambre des Députés, dans une élection qui n'est valable que si la moitié plus un des membres du Parlement y prend part, à la majorité de trois cinquièmes des votants aux deux premiers tours de scrutin, et, au troisième, à la majorité relative. Si la présidence devient vacante par décès (en ce cas, l'élection a lieu dans les quinze jours) ou si le président est empêché par la maladie ou pour toute autre cause de remplir ses fonctions, le pouvoir exécutif est exercé par le ministère, qui peut en charger son président : si l'empêchement se prolonge au delà de six mois, l'Assemblée, sur la proposition du ministère faite à la majorité des trois quarts, nomme un président suppléant. Le président n'est immédiatement rééligible qu'une fois. Il représente la République dans les relations internationales, est chef suprême de la force armée et a le droit de grâce. Tout traité qui impose à l'État ou aux citoyens des charges pécuniaires ou militaires et tout traité de paix n'entre en vigueur qu'après ratification par le Parlement ; tout traité qui modifie le territoire de la République ne peut être ratifié qu'à la majorité requise pour la révision. Le président convoque, proroge et dissout les Chambres, leur adresse des messages, qu'il a le droit de lire lui-même, pour leur rendre compte de l'état des affaires publiques et leur suggérer les mesures qu'il juge utiles, et a le droit de leur demander une nouvelle délibération sur toute loi soumise à sa signature : si, par appel nominal, elles maintiennent leur vote, ou si, à la Chambre des députés, une majorité des trois cinquièmes s'est prononcée de nouveau pour la loi, le président n'a plus qu'à la promulguer. Il est irresponsable, sauf le cas de haute trahison, pour lequel le Sénat, sur mise en accusation par la Chambre, peut lui infliger la seule peine de la déchéance.

Les 300 députés sont élus pour 6 ans, et les 150 sénateurs pour 8. Les femmes sont électeurs et éligibles exactement comme les hommes, et le Parlement actuel compte 13 députées et 3 sénatrices. Le suffrage est universel, égal, direct et secret, le vote obligatoire, la majorité électorale de 21 ans pour la Chambre et 26 pour le Sénat, l'âge d'éligibilité de 26 et 45. Les vingt-trois circonscriptions électorales entre lesquelles est partagé le pays envoient chacune à la Chambre des députés de 6 à 45 députés, les treize circonscriptions sénatoriales de 4 à 23 sénateurs. La représentation proportionnelle fonctionne jusqu'à l'extrême utilisation des restes sur l'ensemble du pays, et les plus grandes précautions sont prises pour assurer la sincérité du vote ; la veille et le jour des élections, il est interdit de vendre, débiter ou offrir aucune boisson alcoolique. Si l'une des deux Chambres est dissoute ou quand son mandat expire, les électeurs doivent être appelés à voter dans les deux mois. Sauf la prérogative des députés en matière financière, les deux Assemblées ont les mêmes droits, mais le Sénat n'a pour se prononcer sur les lois votées par la Chambre qu'un délai de six semaines, et pour les lois de finances et les lois militaires d'un mois, tandis que la Chambre a trois mois pour adopter ou rejeter les projets qu'il lui envoie ; et les députés peuvent plus facilement que les sénateurs transformer en loi par un vote renouvelé un projet rejeté par l'autre Chambre. Le Parlement doit tenir chaque année deux sessions ordinaires, au printemps et à l'automne ; il peut être convoqué en session ordinaire par le président, et doit l'être à la demande de la majorité, ou, dans certains cas, des deux cinquièmes de ses membres. Dans l'intervalle des sessions ou des législatures, une commission de 16 députés et 8 sénateurs, élus à la proportionnelle par leurs Assemblées, remplit pour les affaires urgentes les fonctions courantes du Parlement, et contrôle le gouvernement. La vérification des pouvoirs appartient à un tribunal électoral spécial, élu par la Chambre des députés hors de son sein, et présidé par le premier président du Tribunal administratif suprême.

Les ministres, nommés par le président de la République, et actuellement au nombre de 16 (présidence du conseil et intérieur, affaires étrangères, défense nationale, finances, justice, instruction publique, chemins de fer, travaux publics, commerce, agriculture, postes et télégraphes, prévoyance sociale, hygiène publique, ravitaillement, unification des lois et Slovaquie) forment un corps, responsable devant la Chambre des Députés. Celle-ci peut, sur la proposition du tiers de ses membres, après rapport d'une commission, et à l'appel nominal, leur exprimer sa défiance. Ils peuvent, de leur côté, en tout temps lui demander de leur confirmer sa confiance. Un vote de défiance, sous l'une ou l'autre forme, entraîne obligatoirement leur démission. Tout ministre peut, pour avoir violé les lois, sciemment ou par faute lourde, être mis en accusation par la Chambre devant le Sénat.

Un tribunal constitutionnel de sept membres (deux élus par le Tribunal administratif suprême, deux par la Cour suprême, deux et le président nommés par le Président de la République) est appelé à juger de la constitutionnalité des lois.

Les partis ont une existence légale, puisqu'ils ont le privilège de présenter les candidatures et de former sous la présidence d'un fonctionnaire les bureaux électoraux et les commissions de recensement des votes. L'Assemblée nationale issue des élections de 1920, contient des représentants de 16 partis, dont voici le nombre de voix et de sièges.

I. PARTIS TCHÉCOSLOVAQUES :

Chambre des Députés, 4.253.509 voix, 199 sièges ; Sénat, 3.662.945 voix, 102 sièges.

1º Parti social-démocrate (marxiste anticommuniste) : Chambre, 1.590.284 voix, 74 sièges (19 membres s'en sont détachés dans l'hiver 1920-21 pour former un parti communiste) ; Sénat, 1.463.189 voix, 41 sièges (5 membres communistes).

2º Parti populaire (catholique) : Chambre, 699.549 voix, 33 sièges ; Sénat, 625.980 voix, 18 sièges.

3º Parti républicain des campagnes (agrarien) : Chambre, 602.743 voix, 28 sièges ; Sénat, 531.141 voix, 14 sièges.

4º Parti socialiste tchécoslovaque (national) : Chambre, 500.455 voix, 24 sièges ; Sénat, 373.995 voix, 10 sièges.

5º Démocratie nationale (libéral, parti de la haute bourgeoisie et d'une fraction importante des intellectuels ; héritier de l'ancien parti jeune-tchèque) : Chambre, 387.426 voix, 19 sièges ; Sénat, 354.597 voix, 11 sièges.

6º Parti national et paysan slovaque : Chambre, 241.881 voix, 12 sièges ; Sénat, 180.953 voix, 5 sièges.

7º Parti des petits commerçants et artisans : Chambre, 122.660 voix, 6 sièges ; Sénat, 107.740 voix, 3 sièges.

8º Parti socialiste des travailleurs tchécoslovaques (socialiste-réformiste) : Chambre, 58.572 voix, 3 sièges ; Sénat, pas de liste.

II. PARTIS ALLEMANDS :

Chambre, 1.585.321 voix, 72 sièges ; Sénat, 1.364.109 voix, 37 sièges.

1º Parti social démocrate (marxiste non communiste) : Chambre, 689.201 voix, 31 sièges (3 députés ont fait sécession pour former un groupe communiste) ; Sénat, 593.398 voix, 16 sièges.

2º Partis nationaux réunis : Chambre, 328.351 voi   15 sièges ; Sénat, 300.333 voix, 7 sièges.

3º Parti agrarien : Chambre, 241.723 voix, 11 siè es ; Sénat, 210.724 voix, 7 sièges.

4º Parti socialiste chrétien : Chambre, 212.199 voix, 10 sièges ; Sénat, 141.495 voix, 5 sièges.

5º Parti libéral démocratique : Chambre, 105.418 voix, 5 sièges ; Sénat, 118.159 voix, 2 sièges.

III. Partis magyars *(tous en Slovaquie, la plupart magyars-allemands)* :

Chambre, 279.410 voix, 10 sièges ; Sénat, 140.864 voix, 3 sièges.

1º Parti chrétien social magyar et allemand : Chambre, 139.246 voix, 5 sièges ; Sénat, 100.371 voix, 2 sièges.

2º Parti social démocrate magyar et allemand : Chambre, 108.926 voix, 4 sièges ; Sénat, pas de liste.

3º Parti paysan magyar : Chambre, 26.464 voix, 1 siège ; Sénat, 40.393 voix, 1 siège.

La Constitution garantit aux citoyens l'égalité devant la loi, la liberté de leur personne, de leurs biens et de leur domicile, la liberté d'opinions, de religion, de réunion et d'association, l'inviolabilité de leur correspondance ; elle place sous la protection spéciale des lois le mariage, la famille et la paternité. Elle assure aux minorités nationales, religieuses et ethniques, la protection des droits que les grandes puissances ont tenu à leur faire reconnaître dans l'Europe centrale et orientale, et qui forment en particulier l'objet du traité signé par la Tchécoslovaquie à Sèvres le 10 septembre 1919. Ces minorités ont en tout les mêmes droits que la majorité ; notamment dans les subsides de l'État à des établissements scolaires, charitables ou religieux, il doit leur être fait une part proportionnelle à leur importance numérique. Toute minorité linguistique d'au moins 20 % a le droit d'user de sa langue dans toutes ses relations avec les autorités publiques, qui doivent lui répondre dans cette langue ; toute minorité « importante » a droit que sa langue soit enseignée à ses enfants dans les écoles publiques. La langue tchécoslovaque est d'ailleurs langue d'État, et peut être employée partout et en toute occasion.

Le territoire de la Russie subcarpathique, placé par les traités dans une condition spéciale, jouit d'une autonomie extrêmement étendue. Le pouvoir exécutif y est exercé sous l'autorité du président de la République par un gouverneur nommé par lui, et responsable devant l'Assemblée régionale. Celle-ci est souveraine en matière intérieure (question des langues, instruction publique, cultes, administration locale), et les fonctionnaires du pays sont, autant que possible, pris parmi ses habitants. Les députés et sénateurs que le territoire envoie au Parlement de Prague n'y votent que dans les affaires communes, c'est-à-dire celles qui ne sont pas du ressort de l'Assemblée régionale. Cette situation se rapproche de celle d'un État membre d'une Confédération comme les États-Unis ou la Suisse : mais il y manque le principe même de la souveraineté ; celle-ci appartient à la République tchécoslovaque, dont la Russie Subcarpathique n'est, comme disent les traités et la Constitution, qu'une partie autonome.

II. — La vie politique.

De son long passé d'oppression, et surtout du dernier demi-siècle rempli par la lutte contre un régime constitutionnel frelaté au profit des peuples dominants, Allemands et Magyars, l'esprit public tchécoslovaque a gardé, avec un pli d'opposition et de négation, tendance à ne voir nombre de problèmes que sous un angle un peu étroit. Mais le sentiment instinctif de la dignité nouvelle de la République, l'exemple et l'action d'hommes d'État qui, étroitement mêlés durant la guerre et depuis la paix aux événements capitaux de la grande politique internationale, conçoivent la mission et l'avenir de leur pays sous l'aspect non du provincial, mais de l'universel, la chute des barrières derrière lesquelles le régime policier de la soupçonneuse et tracassière Autriche isolait les pays tchécoslovaques du reste du monde, les contacts plus fréquents et plus intimes avec l'étranger, grâce à des voyages au dehors plus nombreux et à des visites moins rares, élargissent peu à peu l'horizon politique de la nation tchécoslovaque, et la préparent à s'adapter complètement à sa nouvelle condition internationale. La vie politique d'aujourd'hui est faite du jeu de ces deux tendances opposées et contradictoires. C'est la vie d'une période de transition, où la nation cherche instinctivement à épurer ses traditions, en les dégageant de ce qu'elles ont de suranné et d'encombrant, pour n'en apporter que le meilleur dans un nouvel esprit public tout pénétré d'influences européennes et universelles.

La question des nationalités domine toute la politique tchécoslovaque ; car, à l'exception peut-être, mais peut-être seulement, des communistes, chaque parti cherche d'abord dans tout problème qui surgit, dans toute solution que l'on en propose l'aspect national et les répercussions nationales. Les débats les plus importants de la haute politique mettent en face l'unde l'autre deux blocs nationaux, le bloc compact des Tchécoslovaques, et le bloc bigarré des Allemands et des Magyars. Tant que les questions nationales ne seront pas réglées d'accord entre ces deux blocs et à leur satisfaction commune (c'est-à-dire, sans doute, de bien longtemps), cette division nationale restera la règle, et le groupement purement politique des partis de même tendance de chacun des deux blocs nationaux, que l'on voit se produire parfois dans des débats de caractère surtout économique ou social, demeurera l'exception : à moins que parmi les Allemands, les éléments modérés et raisonnables ne se séparent des extrémistes nationaux, et ne parviennent à une entente loyale avec les Tchécoslovaques. La chose n'est ni impossible, ni peut-être improbable. Mais, pour que pareille tentative réussisse, il faudra aux Allemands qui en prendront l'initiative beaucoup de sens politique et de courage, aux Tchèques infiniment de finesse psychologique et de tact ; et la condition indispensable du succès sera une situation internationale consolidée, qui conseille aux Allemands la modestie et permette aux Tchécoslovaques de se montrer généreux sans risquer d'être imprudents.

En politique extérieure, les deux groupes nationaux prennent des positions diamétralement opposées. A l'exception de l'extrême gauche communiste, les Tchécoslovaques veulent tous que la République reste fermement attachée aux alliances auxquelles elle a dû de naître : ils tiennent donc pour l'exécution sans faiblesse des traités de Versailles, de Saint-Germain et de Trianon, dont, avec plus ou moins de violence, Allemands et Magyars condamnent toute l'inspiration. Sur la question russe, les Tchécoslovaques se divisent : ils éprouvent tous une sympathie également profonde pour la Russie, et ont tous la même confiance dans son relèvement ; mais, aux uns, il semble ne pouvoir être l'œuvre que du peuple russe lui-même, et devoir créer une Russie nouvelle, politiquement toute différente de l'ancienne, tandis que les autres croient à la renaissance d'une grande Russie fort semblable à celle d'hier, et considèrent que la sagesse et l'honneur conseillent à ses alliés d'intervenir énergiquement pour aider à sa résurrection, et que, pour les Tchèques, surtout, c'est un devoir de reconnaissance et un acte de clairvoyance politique que de se mettre au service d'une intervention.

Dans les affaires intérieures, c'est sur la question des droits des minorités que s'affrontent le plus vivement les deux blocs nationaux ; et les discussions sur ce sujet sont aussi montées de ton et aussi passionnées que celles auxquelles donne lieu la politique extérieure. Par un naturel renversement des rôles d'autrefois, les Tchécoslovaques sont aujourd'hui les défenseurs des droits de l'État, tandis que les Allemands et les Magyars revendiquent ceux des nationalités. C'est entre les partis moyens des deux groupes que les antagonismes se marquent le plus vivement, et que l'entente sera le plus difficile. De tout temps la lutte des nationalités, encore qu'elle soit par essence un conflit social qui touche le plus directement dans leurs intérêts essentiels les classes inférieures, a pris le caractère d'un duel entre les classes moyennes, et surtout entre leurs éléments intellectuels. Ceux-ci se neutralisent ainsi réciproquement. Dans l'ancienne Autriche, c'était au profit de la dynastie et d'une aristocratie féodale. Dans une démocratie aussi complète que la République tchécoslovaque, ce sont les partis avancés, et en général les partis qui représentent des intérêts de classe, qui tirent avantage de cette division. L'unité de doctrine ou d'aspiration chez les socialistes, une mentalité presque identique chez les paysans des diverses nationalités, facilitent et amorcent des collaborations qui, chez les « bourgeois », ne trouvent pas de terrain aussi préparé. Socialistes et agrariens tchécoslovaques et allemands ont ainsi été d'accord pour faire voter l'expropriation et le morcellement des grands domaines, et la socialisation des industries est une revendication commune de tous les socialistes.

Ces conditions de la vie politique et les habitudes acquises dans un long passé de combats passionnés donnent aux polémiques une ardeur qui tourne parfois à la violence et un ton dont la verdeur ne va pas toujours sans grossièreté. L'éloquence est rare au Parlement, et les orateurs de mérite reconnu n'en ont que plus de renom et de prestige. Au contact de la presse allemande, les journaux tchèques ont pris son type : comme elle, ils ont, du moins les principaux, deux éditions par jour, et parfois trois, celle du matin surtout abondante, souvent jusqu'à 12 et 16 pages ou même plus, compacte, les articles de la dimension et du style d'une dissertation savante ; mais il entre dans ces feuilles un peu indigestes quantité d'informations et d'explications souvent précieuses, notamment dans la partie économique. Cette presse est lue avec avidité, dans les bureaux, dans les familles, et surtout dans les cafés, où les hommes les plus graves lui consacrent sans peine plusieurs heures par jour. La revue d'information politique est encore assez rare, et exerce moins d'action, encore que quelques-uns de ces périodiques soient remarquablement intéressants et bien faits. Si la République tchécoslovaque n'a pas encore tout à fait la presse qui correspond à son degré de développement politique, c'est une conséquence naturelle de la condition provinciale où le pays a été tenu jusqu'à la fin de 1918. Mais les défauts s'atténueront et les lacunes se combleront par la simple action des nouveaux rapports avec l'étranger, et grâce à l'entrée dans la carrière d'une école de journalistes méthodiquement préparés à leur profession par l'étude des grandes questions politiques et par des stages en Occident.

III. — Le personnel politique.

L'alinéa 4 de l'article 58 de la Constitution, qui interdit la réélection immédiate du président de la République à l'expiration de son second terme, se termine par cette courte phrase : « La présente disposition ne s'applique pas au premier président de la République ». C'est, sous une forme discrète, anonyme et sèchement juridique, la proclamation de M. Masaryk comme président à vie, c'est sa consécration comme le chef providentiel de la République que son enseignement a préparée à ses devoirs, son énergie affranchie, son autorité morale cautionnée devant les États et les peuples ; c'est sa reconnaissance comme père de la nation. Il connaît aujourd'hui une popularité sans bornes, après avoir longtemps porté sans plier le poids de la plus lourde impopularité, celle de l'iconoclaste, du destructeur des légendes et des illusions nationales.

Fils du peuple, de condition si modeste qu'il lui fallut interrompre ses études pour faire l'apprentissage du métier de serrurier-charron, la puissance de son esprit et son inlassable ardeur au travail le portent à 32 ans à la chaire de philosophie de l'Université de Prague. Il y devient le maître non seulement des meilleurs de la jeunesse de son peuple, mais de milliers d'autres jeunes Slaves, Serbes et Croates surtout, mais aussi Bulgares et Russes, dont il élève l'esprit national et forme la conscience civique. La philosophie politique et sociale qu'il leur enseigne, c'est la doctrine de Hus et des Frères bohêmes, où se concilient harmonieusement jusqu'à se confondre l'amour de la nationalité et celui de l'humanité ; sa morale, celle de la dignité humaine, de la vérité toujours et à tout prix honorée ; sa méthode, celle de l'esprit critique, qui n'admet rien pour établi ou prouvé sans l'avoir vérifié avec toute la rigueur de la démonstration scientifique. Avec quelques collègues, il fait, vers 1885, la campagne des « manuscrits », d'où des poèmes jusqu'alors tenus pour les plus anciens et les plus glorieux titres de la littérature tchèque sortent convaincus de n'être que des faux habiles : les gens de la rue se lancent alors à la tête, comme la plus grosse des injures, son nom, devenu synonyme de traître. En politique, il donne avec une aussi inflexible ardeur la chasse aux préjugés en faveur, il découvre le néant de la rhétorique traditionnelle, creuse, décevante, dangereuse, il oppose à l'illusion la vérité, il fonde son parti, dont le nom dit tout le programme et l'esprit, le parti réaliste, il en défend les doctrines au Reichsrat. Sa notoriété, jusque-là bornée à quelques spécialistes, devient européenne lorsqu'après la crise de l'annexion de la Bosnie-Herzégovine (1908-9) il dénonce la fourberie de la politique autrichienne, que rend publique le fameux procès d'Agram. Dans la guerre de 1914, il discerne, du premier jour, l'entreprise décisive du germanisme pour fonder définitivement sa domination sur l'Europe centrale et par là s'assurer l'hégémonie de l'Europe. Ce danger lui dicte sa conduite : après quelques mois passés à étudier la situation internationale et l'état de son pays et à organiser des contacts qui le préservent du risque de devenir dans son exil volontaire un étranger et un isolé, il quitte sa patrie en décembre 1914, pour y rentrer exactement quatre ans plus tard, en triomphe, président unanimement acclamé de son peuple affranchi. En Italie, en Suisse, en France, en Angleterre, en Russie, aux États-Unis, partout il passe, défendant la cause de sa nation par les seuls arguments de la raison et de la vérité, mettant sur pied ces légions tchécoslovaques de Russie, dont les exploits ont les premiers rendu populaire en Occident le nom de la nouvelle nation et fondé la fraternité d'armes d'où est sortie l'indépendance de la République, négociant avec les chefs de gouvernement et les hommes d'État, organisant le Conseil national de Paris, dont la transformation en gouvernement provisoire a précédé d'un mois à peine la proclamation de la République à Prague. Élu président le 14 novembre 1918, confirmé le 27 mai 1920 par le premier Parlement constitutionnel, il exerce sur sa nation une magistrature plus morale encore que politique, il joue au-dessus des partis un rôle de modérateur et de conciliateur, il est pour son peuple une vivante leçon de travail acharné et d'effort vers le bien, il personnifie les plus nobles qualités et les plus hauts idéals de sa race.

Slovaque d'origine, Tchèque d'éducation et de langue, par de vastes études et de longs séjours tout pénétré de culture allemande et anglaise, informé de tout le mouvement des idées françaises, attiré par la plus vive sympathie slave et humaine vers la Russie, à laquelle il a consacré un ouvrage remarquable et que sans doute, parmi les politiques de l'Europe d'aujourd'hui, il connaît le mieux, il apporte dans la direction des affaires de son pays l'esprit de méthode et de scrupule qui fait sa grandeur de savant et de penseur. Par lui la démocratie tchécoslovaque apprend à connaître la valeur d'une politique scientifique ; il crée la tradition, qui, continuée par des collaborateurs, qui sont ses disciples, peut assurer à la République et à la nation des succès pareils à ceux qu'elles ont remportés jusqu'ici, et en même temps montrer par l'exemple à l'Europe et au monde comment doit se gouverner une démocratie moderne.

Des deux collègues du président Masaryk dans le Conseil national et le gouvernement provisoire, l'un, le général Štefaník, après avoir glorieusement fait la guerre en France, en Russie et en Sibérie, est mort en juin 1919 victime d'un accident d'avion au moment même où il rentrait sur la terre natale. L'autre, M. Édouard Beneš, est, depuis la fondation de la République, ministre des affaires étrangères, associé à tous les actes et à toutes les pensées du président dont il a été l'élève à l'Université et dont il reste le disciple respectueux, fidèle et tendre. Juriste, économiste, philosophe et sociologue, après de longues études à Prague, à Paris, à Berlin et à Londres, c'était en 1914 un jeune homme de trente ans, privat-docent à l'Université, connu et apprécié parmi ses maîtres et ses collègues, mais sans notoriété politique et sans autre ambition que d'être dans l'enseignement et les lettres le continuateur de M. Masaryk. Mais, dès la déclaration de guerre, son ardeur réfléchie, son courage, sa puissance de travail, son patriotisme passionné attirèrent sur lui l'attention des organisateurs de la résistance et de l'action nationales. Lorsqu'il fut nécessaire de donner à M. Masaryk un collaborateur pour une tâche qui devenait chaque jour plus vaste, c'est sur M. Beneš que se porta leur choix unanime. A la fin de septembre 1915, ayant, non sans péril, franchi la frontière et traversé l'Allemagne,

il vint s'établir à Paris. Son œuvre de guerre a été immense :
c'est lui qui a conquis aux idées de Masaryk, au programme
de l'indépendance tchécoslovaque, à la conception d'une
nouvelle Europe centrale délivrée du joug germanique,
l'opinion occidentale et les milieux politiques alliés. Secrétaire général du Conseil national, ministre des affaires étrangères du gouvernement provisoire, puis de la République,
délégué à la Conférence de la paix et au Conseil de la Société
des Nations, il a conquis une autorité internationale dont
son pays éprouve tout le prix ; et aujourd'hui la diplomatie
européenne, où volontiers au début on traitait ses idées de
théories et de chimères, reconnaît en lui l'une des plus cons-
tructives, sinon la plus constructive des têtes politiques de
l'Europe.

La consolidation du nouvel ordre européen issu de la
guerre et formulé dans les traités qui y ont mis fin est l'idée
directrice de la politique extérieure de la République tchécoslovaque. Comme l'Europe centrale est la clef de voûte de
ce nouvel ordre européen, des raisons internationales s'ajoutent aux causes géographiques et historiques pour faire de
la politique tchécoslovaque avant tout une politique d'Europe centrale. Avant tout, mais non exclusivement : car
elle a le mérite de voir de haut et de loin, d'embrasser les
questions dans leur ensemble et dans leur complexité, et,
si les nécessités de l'action la contraignent à les diviser et
à tenter de les résoudre en s'élevant du simple au composé,
de ne jamais considérer du moins les solutions partielles
que comme des résultats fragmentaires et des étapes. En
Europe centrale, resserrement des liens d'amitié ou d'alliance
avec les autres « États successeurs » de l'Autriche-Hongrie,
établissement de relations correctes et sûres avec les anciens
ennemis ; dans la politique continentale ou universelle,
accord intime avec les grands Alliés d'Occident, sympathie
ardente pour le peuple russe, dévoûment sincère aux idées
de justice et de concorde internationales que symbolise la
Société des Nations, ainsi se caractérise l'action internationale de la République tchécoslovaque. Né d'hier, ou
plutôt réveillé d'hier d'un sommeil de plusieurs siècles,
ce nouvel État doit à sa jeunesse d'être libre de traditions
rigides et d'habitudes surannées. Sa diplomatie, dont il a

dû improviser la doctrine et le personnel, est faite par des hommes nouveaux, avec des idées et des méthodes nouvelles. Démocratique par son respect de la vérité, son étude exacte des questions qu'elle a à résoudre, son sens de la psychologie des nations, son souci des intérêts économiques, elle est réaliste, non point au sens brutal et matériel de l'esprit bismarckien, mais parce qu'elle fonde ses calculs sur les réalités humaines et nationales, parce que, dans la vie internationale, elle voit les peuples, et non pas les cabinets ou les cours. Elle fait une grande politique, puisqu'elle a de vastes desseins et qu'elle se propose des buts lointains et élevés, mais elle la fait simplement, par des moyens directs, et au grand jour. La disparition de l'Autriche-Hongrie a heurté bien des traditions, bien des préjugés, de vieilles habitudes de pensée, et lésé les intérêts les plus divers : aussi la nouvelle République s'est-elle, dès ses débuts, sentie accueillie par beaucoup de scepticisme, de défiance et d'hostilité. Résolue à ne se prêter à aucune combinaison qui, sous quelque nom et quelque forme que ce fût, ressuscitât l'ancienne Autriche-Hongrie, attachée d'autre part à ne pas compromettre les avantages que les pays tchécoslovaques retiraient de l'unité économique du bassin du moyen Danube, elle a aperçu dans un système très souple d'accords économiques le moyen de concilier l'indépendance de la République, sur laquelle elle ne transige point, avec l'interdépendance économique des États entre lesquels s'est divisé l'ancien domaine des Habsbourgs, et de créer peu à peu en Europe centrale des conditions de vie régulière et paisible, qui seront la meilleure garantie de la stabilité du nouvel ordre européen, et, par suite, de la sécurité et de la prospérité de la République.

Pour composer son corps diplomatique, le nouvel État ne disposait d'aucun personnel de carrière. Dans la diplomatie austro-hongroise, on rencontrait sans doute en assez grand nombre des noms de l'aristocratie des pays tchèques et des noms slovaques : mais ceux-ci appartenaient à des familles nobles depuis longtemps magyarisées, et, si l'aristocratie des pays tchèques a bien parfois, sous l'Autriche, fait cause commune avec la nation tchèque, elle n'a jamais accepté de se fondre en elle ; d'ailleurs, le service dans la

diplomatie impériale et royale austro-hongroise eût-il bien
été la meilleure des écoles pour la nouvelle diplomatie répu-
blicaine ? Sauf une ou deux exceptions, justifiées par les
services rendus sous le frac autrichien à la cause nationale,
le corps diplomatique et consulaire de la République est
donc fait d'hommes nouveaux, pris surtout dans la vie
politique et dans l'Université, où la section d'histoire et
de géographie a été traitée un peu en école normale de
ministres plénipotentiaires. Les deux légations de Rome,
entre autres, ont été confiées à deux historiens de mérite,
MM. Krofta et Kybal. L'ancien corps consulaire austro-
hongrois est représenté par M. Štěpánek, ministre à Washington après avoir été durant la conférence de la paix secrétaire
général du ministère des affaires étrangères : l'administration par M. Mastný, ministre à Londres, ancien membre du
directoire provincial (Zemský výbor, Landesausschuss) de
la Bohême ; la presse par MM. Dušek, à Berne, et Mečíř
à Bruxelles ; et la politique par les collaborateurs du Conseil
national et du gouvernement provisoire de Paris, M. Maxa
à La Haye d'abord, puis à Varsovie, M. Plesinger-Božinov
à Copenhague, et surtout M. Osuský à Paris, l'ancien secrétaire général de la délégation tchécoslovaque à la Conférence de la Paix, Slovaque contraint par la persécution
magyare d'émigrer en Amérique, où il a trouvé dans
l'étude et la pratique d'un droit vivant la meilleure des
préparations à la tâche que lui réservait la République
affranchie.

Un seul homme, au début de la République, jouissait
d'une popularité qui pût se comparer à celle de M. Masaryk :
M. Kramář, condamné à mort pour haute trahison par un
conseil de guerre autrichien pendant la guerre, grâcié ensuite
puis amnistié, président du Conseil national de Prague, et
chef du premier ministère national. Il était seul aussi, avec
le président, à posséder une notoriété européenne : ses discours au Reichsrat contre la Triple-Alliance et la politique
germanophile en Autriche lui avaient fait une légitime renommée. Premier délégué de son pays à la Conférence de
la Paix, son nom, ses relations européennes, sa connaissance
de la politique et de l'économie internationales lui assuraient
dans les débats de Paris une autorité personnelle. La crise

de juin 1919, ouverte en son absence par ses collègues de
son parti, et qui se termina par un changement de ministère et de politique, diminua cette situation, et, depuis son
retour au pays, en septembre 1919, il fait figure de chef
d'opposition. Sa fidélité à ses amis, son attachement à la
tradition de la politique tchèque du dernier demi-siècle
de l'Autriche jusque dans ce qu'elle avait d'un peu rhétorique et romantique, surtout sa conception du problème
russe, où, dominé par ses souvenirs, il se refuse à admettre
qu'il se soit depuis 1917 produit des changements défini-
tifs, lui ont imposé ainsi un rôle qui peut-être ne répond
guère à sa nature et à ses goûts, et privent le pays d'un talent
dont la République aurait pu attendre encore bien, des
services. Il ne manque pas d'esprits pour penser ou pour
espérer que les circonstances le tireront nécessairement de
sa demi-retraite et le replaceront au premier plan de la
politique tchécoslovaque. Pour être l'appui unique ou
même principal d'un gouvernement, il manque aujourd'hui
à son parti, à la démocratie nationale, le nombre, la cohésion,
et peut-être un programme positif. Mais M. Kramář a un
passé trop grand pour n'être et vouloir toujours n'être que
l'homme d'un parti ou d'une fraction de parti.

Derrière ces chefs, les talents abondent dans la vie politique tchécoslovaque. Parmi les démocrates-socialistes, plus
ou moins fidèles au marxisme, M. Tomášek préside avec
beaucoup de distinction la Chambre des Députés, et,
dans les cérémonies nationales, exprime les sentiments des
élus et des électeurs avec sobriété, force et dignité ; M. Habr-
man, formé, au sortir des prisons politiques de l'Autriche, par
des années de séjour en France et en Amérique, s'est montré
au ministère bon administrateur autant que politique clair-
voyant ; M. Tusar, qui récemment quittait la vie parlementaire pour la légation de Berlin, est un grand tacticien,
négociateur consommé, qui a fait ses preuves comme vice-
président du Reichsrat durant la guerre et président du Conseil en 1919-1920 ; M. Meissner, ancien ministre de la justice,
a été le rapporteur averti du projet de Constitution, et
M. Bechyně, dans des moments difficiles, a rendu de très
grands services à l'union nationale. L'un des plus brillants
orateurs tchèques, M. Klofáč, victime aussi des juges mili-

taires autrichiens, dès ses débuts politiques ardent défenseur des aspirations nationales et de la solidarité slave, tempérament impétueux qui domine et entraîne les foules, est l'homme représentatif du parti socialiste national et, de son éclat, rejette un peu dans l'ombre de bons travailleurs comme M. Vrbenský, penseur curieux, et M. Veselý, juriste de valeur, l'un des disciples fidèles de M. Masaryk. La tentative faite par MM. Modráček et Hudec pour constituer un parti de socialisme réformiste où pussent trouver place aussi les éléments progressistes des classes autres, que la classe ouvrière, et notamment de la bourgeoisie intellectuelle, n'a pas eu jusqu'ici le succès auquel elle paraissait d'abord destinée ; mais ces deux ouvriers devenus théoriciens, journalistes et organisateurs politiques restent de très attachantes figures. La personnalité la plus intéressante des agrariens est M. Švehla, paysan des environs de Prague, plein de finesse, de pénétration, d'habileté, dont le succès au ministère de l'intérieur a été très grand ; le président du Sénat, M. Horáček, économiste réputé et professeur à l'Université de Prague, compte dans ce parti. M. Rašín, avocat d'affaires de grande expérience, politicien énergique et âpre, est le conseiller écouté de M. Kramář, dont il a partagé la prison. Mais le parti national-démocrate n'est pas unanime à approuver sa direction parlementaire, et surtout le groupe morave, avec M. Engliš, professeur à l'Université de Brno, économiste de renom et de valeur, hier encore ministre des finances, aspire à un rajeunissement du programme et de la tactique, tandis que des hommes comme M. Herben, brillant essayiste, l'un des plus dévoués adeptes de M. Masaryk, et M. Hajn, au temps de l'Autriche l'un des premiers champions d'une politique purement nationale, restent, en dépit des formules d'unité, un peu en marge du parti. Le chef parlementaire des catholiques est Mgr Šrámek, député de Moravie. Dans le groupe slovaque, aujourd'hui dispersé entre les divers partis, mais dont les membres restent cependant unis par le souci des intérêts spéciaux de leur petite patrie, M. Dérer et M. Markovič, ce dernier collaborateur du Conseil national en exil, représentant l'aile socialiste, et les abbés Juriga et Hlinka, victimes des persécutions magyares, le second fantasque, changeant, tiraillé entre un ardent patriotisme tchécoslovaque et un sentiment exalté de particularisme slovaque-catholique, le groupe catholique (populaire) ; tandis que le centre, de teinte agrarienne nuancée de démocratie nationale, se groupe autour de M. Šrobár, le premier qui ait porté dans la jeunesse slovaque l'influence de Masaryk, honoré durant la guerre des particulières rigueurs du gouvernement magyar, et de M. Hodža, l'un des esprits les plus souples, les plus avertis, les plus ingénieux de la politique tchécoslovaque. Parmi les Allemands, la figure la plus intéressante vient de disparaître, le socialiste Seliger, organisateur en 1918 et 1919 de la résistance nationale et de la revendication du droit de libre disposition le plus extrême, pour finir par être le grand espoir des partisans de la conciliation des deux nationalités. M. Lodgman, qui est le porte-paroles des partis bourgeois, après avoir paru hésiter entre deux attitudes, a fini par se cantonner dans celle de l'intransigeance ; mais il ne serait pas surprenant de voir un beau jour les socialistes, les agrariens et les chrétiens sociaux allemands préférer à une négation stérile et dangereuse une politique positive fondée sur l'acceptation sans arrière-pensée des faits accomplis et sur la renonciation au chimérique espoir de, renverser l'ordre nouveau de l'Europe centrale.

Les trois premiers ministères de la République ont été des gouvernements parlementaires, l'un d'union sacrée sous M. Kramář (novembre 1918-juin 1919), les deux autres de coalition socialiste-agrarienne sous M. Tusar (juillet 1919-mai 1920 et mai-septembre 1920). La difficulté d'éviter dans une combinaison parlementaire des tiraillements, des froissements et des jalousies a fait adopter pour le quatrième ministère le principe d'un cabinet de spécialistes et de fonctionnaires, et l'expérience semble avoir dans une large mesure justifié cet essai. Mais l'idée d'un cabinet pris dans le Parlement paraît à bien des milieux plus conforme à l'esprit des institutions de la République. Peut-être est-ce une combinaison des deux principes qui, dans une prochaine occasion, donnera la formule gouvernementale de la Tchécoslovaquie.

IV. — L'administration et la justice.

L'organisation administrative de la République a été complètement transformée par une loi promulguée le même jour que la Constitution. A la place des anciénnes divisions historiques, Bohême, Moravie, Silésie, comitats en Slovaquie, qui sont supprimées, 21 régions *(župa,* pluriel *župy)* sont formées, qui sont en fait des départements ; en outre, la ville de Prague est assimilée à un département. Les préfets *(župan,* pluriel *župani),* et les sous-préfets (chefs de district, *okresní náčelník,* pluriel *náčelníci)* président les conseils et les commissions permanentes qui les assistent : conseil départemental (35 membres, et, si la population du département dépasse 700.000 habitants, un de plus par 20.000) élu pour 6 ans, convoqué trimestriellement, ou à la demande du cinquième de ses membres, et commission permanente de 8 membres, élue par le conseil et complétée par deux chefs de service nommés par le préfet ; conseil de district, de 8 membres, élus pour 4 ans, convoqué au moins une fois par mois, complété par un ou deux fonctionnaires désignés par le sous-préfet. Les attributions de ces conseils sont administratives (assistance, hygiène, besoins économiques, communications), réglementaires (les conseils départementaux ont le droit d'édicter avec l'autorisation du ministre des règles pour l'application des lois et pour la gestion financière des départements, districts et communes), judiciaires (un rôle est réservé aux conseils départementaux et de district dans l'organisation de la justice administrative), consultatives (par avis demandés ou par vœux). Les départements et les districts ont le droit de se former en syndicats, qui pourront notamment perpétuer quelque chose de la vie des anciennes provinces.

L'organisation municipale autrichienne et hongroise n'a pas encore été sensiblement modifiée. Elle distingue dans les pays tchèques entre les villes, pourvues d'un statut individuel, et les autres communes ; en Slovaquie entre villes municipales, villes à conseil organisé, grandes communes et villages. Cependant la création des départements a entraîné déjà un certain changement dans la condition des villes ; le droit de contrôle du préfet sur elles a été élargi. Dans les pays tchèques, les bourgmestres et vice-bourgmestres sont élus par le conseil communal parmi ses membres, et assistés du « magistrat », corps de fonctionnaires formé des chefs des services municipaux ; en Slovaquie, les bourgmestres sont des fonctionnaires, qui font partie du « magistrat ». A Prague, où le conseil communal compte 90 membres, le bourgmestre a à côté de lui, outre les deux vice-bourgmestres, un « conseil municipal » dont les 30 membres sont élus par le conseil communal parmi ses propres conseillers.

La police des grandes villes, Prague, Brno, Moravská Ostrava, est une police d'État, qui relève du ministère de l'intérieur, de même que la gendarmerie.

Les institutions judiciaires sont, plus que les institutions administratives, restées dans l'ensemble celles du régime autrichien ou hongrois, avec les seules modifications qu'a exigées la constitution de la Tchécoslovaquie en État indépendant. La plus importante a été la création d'une Cour suprême, dont le siège est à Brno. Les quatre Cours d'appel sont placées à Prague et à Brno, à Bratislava et à Košice. Les juridictions de première instance sont de deux ordres : d'une part les tribunaux provinciaux ou les tribunaux de cercle des pays tchèques, et les « sièges » en Slovaquie ; de l'autre, les justices de district. Celles-ci sont à juge unique, tous les autres comprennent plusieurs juges, et le plus souvent plusieurs chambres ; ils ont aussi une compétence plus étendue, surtout en matière pénale et en matière commerciale, où ils jugent complétés par des assesseurs commerçants. Il y a au total 3 tribunaux provinciaux, 20 tribunaux de cercle, 12 « sièges », et 413 justices de district. Les cours d'assises fonctionnent au siège des 35 tribunaux de première instance ; en périodes troublées ou critiques, la juridiction du jury peut être suspendue dans des conditions prévues par la loi.

Les magistrats sont recrutés par un examen parmi les candidats qui ont accompli leurs études de droit et fait un stage auprès d'un ou plusieurs tribunaux. Une fois définitivement nommés, ils sont inamovibles, sauf condamnation disciplinaire. Les avocats sont à la fois, comme en Alle-

magne, avocats, avoués, liquidateurs, syndics, conseillers
financiers ; ils s'associent souvent à plusieurs dans un
même cabinet. Leur préparation est la même que celle des
magistrats, mais on exige d'eux le doctorat en droit. Ils
sont organisés en quatre chambres des avocats, Bohême,
Moravie, Silésie et Slovaquie. Les notaires, organisés de
même, sont nommés par le ministre de la justice.

L'organisation de la justice administrative n'est pas
encore complète. Elle n'existe guère jusqu'ici que dans
l'instance la plus élevée, le Tribunal administratif suprême,
qui siège à Prague.

V. — LES FINANCES.

Faute de temps, manque d'études et d'expériences suffi-
santes, et suite des difficultés économiques et financières
de la fin de la guerre, l'administration et le système financiers n'ont pas encore, eux non plus, pu être établis sur un
plan nouveau. L'ancien régime autrichien et hongrois y
reste donc en vigueur, avec un certain nombre d'adaptations. Les organes principaux de l'administration des
finances sont les directions provinciales des finances, immédiatement subordonnées au ministère, et au-dessous d'elles,
les directions d'arrondissement. Au budget de 1920, sur
un total de 3.360 millions de couronnes de recettes d'impôts
en chiffres ronds, 820 millions provenaient des impôts
directs (impôts réels, 178 : foncier, 130, maisons, 47 ; —
impôts personnels, 405 : revenus commerciaux et industriels, 172, impôts spéciaux sur les revenus, 34, impôt
général sur le revenu, 199 ; — contribution de guerre, 227 ;
impôt sur la fortune, 10); 171 des douanes, 664 des impôts
de consommation (alcool, 153, bière, 84, sucre, 340, huiles
minérales, 6, boissons, 42, allumettes, 32, viande, 6);
1.078 de l'enregistrement, du timbre et des taxes assimilées,
y compris le chiffre d'affaires ; 849 des monopoles (dont
779 pour le tabac), 42 de la loterie. Le budget ordinaire
de 1920 se balançait par 5.324 millions de recettes et 4.927
de dépenses ; l'extraordinaire par 2.427 et 5.489 ; le déficit
total était donc de 2.665 millions de couronnes tchéco-

slovaques. Les plus gros chapitres des dépenses étaient : mesures provisoires pour le retour à l'état normal (démobilisation et indemnités de cherté de vie), 2.580 ; défense nationale, 2.212 ; ministère des chemins de fer, 1.603 ; dette publique, 1.158 ; finances, 1.055 ; monopole du tabac, 323 ; indemnités de résidence aux fonctionnaires et employés de l'État, 400 ; perte au change, 150 ; prévoyance sociale, 988 ; travaux publics, 506 ; postes et télégraphes 270 ; instruction publique, 204. Par suite de la hausse des changes et du renchérissement de la vie, le déficit réel est de beaucoup supérieur au déficit budgétaire ; mais le ministère des finances a inauguré une politique très énergique de compression des dépenses et d'augmentation des recettes, par où il compte arriver en deux ans au rétablissement de l'équilibre.

La Dette publique a une quadruple origine : 1° la partie de l'ancienne Dette autrichienne ou hongroise mise à la charge de la République, en chiffres ronds 800 millions de francs or et 23 milliards de couronnes ; 2° les emprunts faits à l'étranger, pour les besoins des armées ou du ravitaillement, par le Conseil national, le gouvernement provisoire et la République, environ 1.250 millions de francs or ; 3° la quote-part de la Tchécoslovaquie dans la contribution de libération mise à la charge des États successeurs de l'ancienne Autriche-Hongrie, au maximum 750 millions de francs or ; 4° les emprunts intérieurs faits depuis 1918 pour couvrir les déficits budgétaires et accomplir la réforme monétaire, et les anciennes Dettes provinciales, environ 17 milliards. Le total est donc, en chiffres ronds, de 3 milliards de francs or, d'une part, représentant, au change de la fin de 1920, environ 42 milliards de couronnes, et de l'autre de 43 milliards de couronnes. Le poids de la Dette par tête d'habitant ressort ainsi à 6.300 couronnes, soit, au même change, environ 1.260 francs.

VI. — L'ARMÉE.

Les institutions militaires constituent un compromis entre l'idée des milices, dont le principe est inscrit dans la loi, pour être appliqué aussitôt qu'il sera possible, et l'organi sation plus forte que commandent la situation géographique du pays et les circonstances politiques. La Tchécoslovaquie est entourée d'États dont aucun n'a encore trouvé son équilibre nouveau, et qui tous croient avoir soit une vengeance à tirer d'elle, soit une revendication à exercer contre elle. Si l'Allemagne, l'Autriche, la Hongrie sont des ennemis vaincus impatients de leur défaite, la Pologne est un allié que l'idée de sa propre supériorité, la rancune de ne l'avoir emporté qu'à moitié dans l'affaire de Těšín (où elle revendiquait quelques centaines de kilomètres carrés et quelques dizaines de milliers d'habitants de plus que ne lui a attribué l'arrangement de juillet 1920) et une profonde divergence de vues dans la question russe ont jusqu'ici empêché d'établir avec son voisin du Sud-Ouest des rapports dont la cordialité répondît à l'amitié qui paraît naturelle entre deux nations slaves, et exprimât la parfaite entente qui doit finir par les unir.

C'est surtout la leçon de choses donnée en juin 1919 par l'invasion des bolcheviks magyars en Slovaquie qui a achevé de convaincre de la nécessité d'une forte institution militaire même les esprits que leurs principes ou leurs penchants avaient jusqu'ici portés à la nier. Menacée sur toutes ses frontières, ou exposée, durant des années encore, à l'être à tout moment, la République tchécoslovaque a dû se protéger par une armure solide. D'autre part, la préparation militaire donnée à la jeunesse et aux hommes mûrs par la longue habitude des exercices gymnastiques en masses (pratiqués dans des sociétés fédérées qui comptent un très grand nombre de membres : les Sokols (Faucons), la plus répandue et la plus connue, plus de 300.000, en plus de 2.000 groupes ; les sociétés socialistes d'exercices physiques, 180.000 membres ; les sociétés catholiques, les Aigles (Orli), répandues surtout en Slovaquie) rendait inutile un service actif de longue durée, et permettait d'en réduire l'objet à l'instruction et à l'éducation strictement militaires.

La loi militaire du 19 mars 1920 a été établie avec l'active collaboration de la mission militaire française qui, depuis le début de 1919, remplit à Prague un rôle de conseil technique, et a, dans la campagne de Slovaquie, mis aussi son expérience militaire au service de la jeune République dans des commandements sur le front. Elle assigne à l'armée la mission de défendre contre l'ennemi extérieur l'existence, l'intégrité et la liberté de la République, et aussi celle de contribuer au maintien de l'ordre intérieur. Elle établit des obligations militaires qui s'étendent sur 30 années, de l'âge de 20 ans à celui de 50 (pour les militaires de carrière, 60), et astreint, en cas de mobilisation ou de guerre, tous les citoyens de 17 à 60 ans non mobilisés à donner à la défense nationale le concours qui répond à leurs capacités et à leur force. Les citoyens reconnus bons au service passent 20 ans dans l'active et la première réserve, 10 ans dans la seconde réserve. La durée du service actif est fixée à deux ans jusqu'en 1924, 18 mois de 1924 à 1927, 14 mois à partir de 1927. L'active et la première réserve forment ensemble l'armée de campagne ; la seconde réserve est une armée territoriale selon la nouvelle conception, c'est-à-dire destinée à assurer les services de l'arrière et de l'intérieur. La première réserve est astreinte, en 4 périodes au maximum, à 14 semaines d'exercices ; les officiers doivent 5 périodes de 4 semaines. En cas de mobilisation et de guerre les jeunes gens à partir de 18 ans peuvent être appelés, et les exemptés et réformés soumis à de nouvelles révisions. Chaque classe donne actuellement environ 75.000 hommes ; l'armée permanente s'élève donc à environ 150.000 hommes, l'armée de combat, avec le déchet normal, atteint dans les 1.200.000. Les cadres, officiers et sous-officiers, sont formés dans des écoles. Le territoire est divisé en quatre régions militaires : Bohême ; Moravie et Silésie ; Slovaquie ; Slovaquie orientale et Russie Subcarpathique. Au chef-lieu de chaque région, Prague, Brno, Bratislava et Užhorod, réside un général qui a le titre de commandant militaire régional. Chacune est constituée en subdivisions (5 en Bohême, 3 en Moravie et Silésie, 3 en Slovaquie et 1 en Russie Subcarpathique) qui sont le cadre des divisions actives du temps de paix et des divisions de réserve qui se forment à la mobilisation. En dehors de ces 12 divisions d'infanterie, on compte 2 brigades de montagne, 2 brigades d'artillerie lourde et 3 brigades de cavalerie.

VII. — Les cultes.

Les neuf dixièmes de la population de la République tchécoslovaque sont catholiques, 7 % protestants (4,5 % luthériens, 2,5 calvinistes) et 3 % israélites. Les trois pays tchèques sont presque purement catholiques : 95 % contre 3,5 % de protestants et 1,5 de Juifs. La carte religieuse de la Slovaquie est plus diverse : 67 % de catholiques, 8,5 d'uniates, 19 de protestants, 5 d'israélites. En Russie Subcarpathique, les uniates sont la majorité : 63 % contre 8,5 de catholiques, 12,5 de protestants et 16 d'israélites. En dépit de ces chiffres, la position du catholicisme est beaucoup plus forte en Slovaquie que dans les pays tchèques. En Bohême et en Silésie, il n'est guère qu'une étiquette sociale et administrative : le fond de l'esprit est hussite, c'est-à-dire protestant, surtout dans les classes supérieures ; la Contre-Réforme habsbourgeoise a bien pu contraindre l'esprit de libre examen, l'hérésie, à se réfugier au fond des consciences et à s'y cacher, mais elle n'a pas pu l'étouffer. Le catholicisme des Slovaques, au contraire, est profond, religieux, docile et jaloux. Il n'est pas intolérant, et les relations entre le clergé des diverses confessions sont cordiales : les catholiques reconnaissent volontiers les services que le protestantisme a rendus à la cause nationale. C'est l'irréligion, ou l'apparence de l'irréligion, surtout frondeuse et moqueuse, qui les irrite : la plus grande partie des froissements qui, aux débuts de la République, se sont produits entre Tchèques et Slovaques ont eu leur cause dans le heurt de deux états d'esprit contradictoires. La séparation des Églises et de l'État vers laquelle paraît s'acheminer la République posera des problèmes compliqués, et sans doute la Slovaquie sera-t-elle mise à un régime particulier, au moins pour une assez longue période de transition. Il n'est pas certain que des difficultés du même ordre ne se présentent pas en Moravie : géographiquement plus exposée à l'influence de Vienne, cette province est plus catholique que la Bohême, et l'état religieux de sa popu-

lation se rapproche de celui de la Slovaquie. L'établissement
d'un nouveau régime des cultes est une des tâches urgentes
qui s'imposent à la Tchécoslovaquie ; la séparation répond
à la conception générale de sa politique, et surtout elle ne
saurait s'accommoder longtemps du régime hérité de l'Autriche, où, sous les apparences de la liberté, le catholicisme
était en fait religion d'État. Des brèches ont déjà été faites
dans ce système, notamment par la loi qui, instituant le
divorce, a porté la première atteinte au principe de la stricte
confessionnalité du droit matrimonial. La transformation
nécessaire paraît d'ailleurs devoir se faire non dans un esprit
d'hostilité à l'Église catholique et de lutte violente contre
le Saint-Siège, mais par consentement mutuel, au moyen de
négociations amicales et avec une volonté de respect réci-
proque. C'est ainsi qu'ont déjà été accomplis les changements de personnel dans l'épiscopat, rendus nécessaires
par l'impopularité d'un haut clergé inféodé au régime déchu.
Une partie du jeune clergé, sous l'empire d'idées très moder-
nistes, a entrepris d'appeler à la vie une Église nationale,
d'allure générale vieille-catholique. Mais sa tentative n'a point
jusqu'ici eu grand succès : la nouvelle foi ne compte guère
plus de 150.000 fidèles. Cet essai, du moins, a une fois de
plus montré combien l'esprit tchèque est attiré par les problèmes religieux. Sous une grande indifférence aux pratiques se cachent chez beaucoup des Tchèques les plus cul-
tivés un profond sentiment du divin et l'inquiète recherche
de la vérité religieuse. On n'épuiserait pas la psychologie
religieuse du peuple tchèque en le représentant comme
sceptique, matérialiste et athée. Au contact des trois grandes
confessions qui se partagent l'Europe, ayant dans l'esprit
ce qu'y ont mis d'universel Jean Hus, ses disciples et leurs
successeurs, il a un sens et comme un instinct religieux dont
les manifestations peuvent devenir très intéressantes et
originales.

La hiérarchie catholique comporte actuellement deux
archevêchés, Prague et Olomouc (Olmütz), neuf évêchés
de rite latin et deux de rite grec. Les Églises protestantes
sont organisées en synodes, superintendances (en Slovaquie
districts) et seniorats. Les communautés juives ne sont
point rassemblées en groupements administratifs, mais seu-

lement en associations libres : elles se partagent entre la tendance libérale et l'orthodoxe. A un autre point de vue, l'élément israélite se divise en nationalistes et en assimilationnistes. Les premiers prétendent former dans la République une nationalité juive distincte pourvue de tous les droits reconnus par les traités et la Constitution aux minorités nationales ; les autres ne veulent être que des citoyens tchécoslovaques de langue ou tchèque ou allemande et de religion juive. Le problème se complique d'éléments historiques et sociaux. Historiquement, une bonne partie des Juifs se sont, de 1848 à 1918, mis en Autriche du côté des Allemands et du gouvernement qui les favorisait, en Slovaquie du côté des Magyars. Il en résulte des rancunes qu'avivent encore les conditions économiques et sociales. Socialement, les Juifs occupent dans l'industrie, le commerce, la finance, les professions libérales, une place disproportionnée à leur part dans le total de la population et suscitent ainsi des jalousies auxquelles s'ajoutent en Slovaquie les haines qu'ils ont provoquées dans les villages, comme cabaretiers et prêteurs d'argent. La proportion de l'élément juif dans la population va en augmentant de l'Ouest à l'Est : 1,27 % en Bohême, 1,57 en Moravie, 1,78 en Silésie, 5,3 en Slovaquie, 16,2 en Russie Subcarpathique. A ce nombre croissant correspond nécessairement, et les raisons géographiques y contribuent encore, une assimilation décroissante. Il y a là tous les éléments d'un problème juif d'autant plus délicat à traiter et peut-être difficile à résoudre qu'il se pose au voisinage immédiat de la Pologne et de la Hongrie.

VIII. — L'enseignement.

La population tchécoslovaque est parmi les plus instruites de l'Europe. Dans les trois pays tchèques, la proportion des illettrés était, en 1910, de 3,3 % seulement des habitants âgés de plus de 10 ans. Les chiffres beaucoup moins satisfaisants de la Slovaquie (27,5 %) et de la Russie Subcarpathique (60 %) s'expliquent par l'état économique et social plus arriéré et par l'insuffisance de l'organisation de l'instruction publique en Hongrie ; ils s'amélioreront rapidement grâce à l'effort énergique de la nouvelle administration tchécoslovaque, qui a déjà ouvert en Slovaquie près de 3.000 écoles.

L'enseignement supérieur est donné dans quatre Universités, Prague, (tchèque et allemande), Brno et Bratislava ; deux facultés indépendantes de théologie, protestante à Prague, catholique à Olomouc ; quatre écoles polytechniques (Prague et Brno tchèques, Prague et Brno allemandes) ; une école des mines (Příbram), une école des hautes études commerciales (Prague), une école vétérinaire (Brno), une école des hautes études agronomiques (Brno), deux hautes écoles d'agriculture (Tábor, tchèque, Děčín (Tetschen)-Liebwerda, allemande), une école supérieure des Beaux-Arts (Prague), et un Conservatoire national de musique (Prague). Les deux Universités de Prague, qui existaient avant 1918, sont seules complètes ; celle de Brno, fondée depuis l'indépendance, a ses cadres fixés, mais ne fonctionne encore qu'en partie, par suite surtout du manque de bâtiments ; quant à Bratislava, il faut du temps pour transformer l'ancienne université magyare, qui disparait peu à peu, en université tchécoslovaque, recruter le personnel nécessaire sans créer ailleurs des vides trop difficiles à combler, ménager la transition des années d'étudiants qui ont reçu toute leur instruction secondaire en magyar aux années qui les auront faites en slovaque, et assurer les enseignements nécessaires dans la période intermédiaire, par exemple, à la Faculté de Droit, à côté de l'étude des lois tchécoslovaques, des cours sur le droit privé hongrois qui pendant une génération ou plus continuera de régir des contrats conclus au temps où il était la loi du pays. Les écoles polytechniques, véritables universités de sciences appliquées, forment des ingénieurs mécaniciens, électriciens et chimistes, des ingénieurs des constructions civiles, des ingénieurs des améliorations agricoles et des architectes. A l'école des hautes études commerciales doit être formée plus tard une section consulaire Les établissements d'enseignement supérieur relèvent directement du ministère de l'instruction publique, et jouissent d'une très large autonomie. L'Université tchèque de Prague avait au 1er janvier 1921 253 professeurs, ducents ou lecteurs, et 8.775 étudiants, dont 1.562 femmes ; l'Université allemande, au début de l'année scolaire 1919-20, 167 maîtres, de tout titre et 3.700 étudiants ; les deux Écoles polytechniques tchèques, 7.400 étudiants, dont les trois quarts à Prague, les deux allemandes 3.200, également partagés entre elles.

L'enseignement secondaire, organisé sur le type allemand qui était adopté dans l'ancienne Autriche, se donne dans des gymnases (latin-grec), des gymnases réaux (latin-sciences) et des écoles réales, les uns et les autres masculins ou féminins, et dans des lycées de filles. En dehors de ces établissements, il existe des écoles de commerce, dont le cours d'études est de deux ans ; des écoles professionnelles industrielles, d'arts décoratifs, ou spéciales pour les divers métiers ; des écoles moyennes forestières et agricoles et une école de viticulture et de culture des arbres fruitiers. On comptait, dans l'année scolaire 1920-21, 307 gymnases, écoles réales, ou lycées de filles, avec 86.000 élèves, dont 18.000 jeunes filles ; 29 écoles supérieures de commerce, avec 15.000 élèves des deux sexes ; 162 écoles d'agriculture, avec 9.000 élèves ; 78 écoles industrielles, avec 12.500 élèves, et 54 écoles professionnelles commerciales, avec le même nombre d'élèves.

L'enseignement primaire est obligatoire à partir de 6 ans, durant 8 années dans les pays tchèques et 6 en Slovaquie. Les enfants de moins de 6 ans sont reçus dans les écoles maternelles et les asiles, dont il y a environ 1.200. Le nombre total des écoles primaires et primaires supérieures dépasse 3.500, le chiffre de leurs élèves 2 millions. Ces écoles sont ou municipales ou privées. Leurs maîtres sont formés dans 64 écoles normales, qui, en 1920-21, avaient 7.500 élèves, des deux sexes en nombre égal.

L'enseignement populaire par les conférences, les cours et les bibliothèques, après avoir vécu cinquante ans de la seule initiative privée, est désormais organisé et encouragé par la loi. A côté des grandes sociétés qui seules s'en occupaient jusqu'ici ont été créés des comités officiels chargés de veiller à ce qu'il se répande. Chaque département est tenu de fonder une bibliothèque départementale, avec une section circulante. Il existe déjà près de 9.500 bibliothèques publiques ou populaires, avec un total de 3 millions et demi de volumes, les plus importantes ayant 100.000 et 30.000 volumes ; le tiers d'entre elles appartiennent à des sociétés.

Patrie du grand pédagogue Comenius (Komenský), en qui a été portée à sa perfection la doctrine des Frères bohêmes, la Tchécoslovaquie a toujours compté de grands éducateurs. Naguère gênés par le système autrichien, ils sont libres désormais de leur action. De vastes programmes de réformes sont à l'étude, ou en essais. La culture harmonieuse du corps et de l'esprit, le développement chez l'élève du sens de la discipline libre, raisonnée et démocratique, la formation esthétique et morale la plus attentive sont les objets assignés à l'éducation. La Tchécoslovaquie aspire et travaille à réaliser un type d'enseignement national original et complet, qui réponde et à l'état et aux aspirations de son peuple, et où les autres nations puissent trouver des idées à retenir et des modèles dont s'inspirer.

Le problème général de la liberté d'enseignement est encore résolu comme il l'était en Autriche. Au même titre que l'État et les villes, sociétés, Églises et particuliers peuvent fonder des écoles. Si celles-ci ont le programme des établissements officiels, si leur existence matérielle est assurée, et si elles n'emploient que des maîtres pourvus des diplômes exigés pour les mêmes fonctions dans l'enseignement public, elles peuvent recevoir du ministère un privilège qui les égale aux écoles publiques, et faire passer elles-mêmes à leurs élèves les examens prescrits en cours et en fin d'études (y compris la maturité, qui est le baccalauréat) ; sinon, leurs élèves doivent subir des examens dans les écoles publiques. Mais le problème de la liberté ne se pose pas en Tchécoslovaquie seulement dans ses termes généraux ; il y prend, en outre, un aspect particulier, qui est l'aspect national. Les minorités nationales, se réclamant du droit naturel et des garanties des traités, revendiquent le maintien de toutes les écoles dont elles jouissaient jusqu'ici, et la création des nouveaux établissements qu'elles prétendent nécessaires. Comme la question scolaire est la plus irritante peut-être des questions nationales, et, depuis un demi-siècle le terrain d'une lutte passionnée, de nombreux conflit sont déjà surgi à propos do suppressions d'écoles.

Il n'est pas douteux que, sous le régime autrichien et hongrois, les Allemands dans les pays tchèques, les Magyars en Slovaquie aient joui de privilèges parfois exorbitants : au moment où l'indépendance tchécoslovaque a été proclamée, il y avait plus de quarante ans que les Slovaques ne possédaient plus un seul établissement d'enseignement secondaire de leur langue. Si, dans les trois pays tchèques, il y a 173 écoles secondaires tchèques avec 54.000 élèves, et 127 allemandes avec 25.000, la disproportion est éclatante entre ces chiffres et ceux qui expriment la part des deux nationalités dans la population : pour 35 % de la population (à admettre pour exacte les données du recensement de 1910), les Allemands ont 40 % des écoles secondaires, et près de 50 % du nombre de leurs élèves. Le fait que la bourgeoisie allemande est plus ancienne et relativement plus nombreuse que la tchèque donne de cette disproportion une explication partielle, mais insuffisante, et il est remarquable, en tout cas, que chaque établissement allemand n'ait que 197 élèves, et chaque établissement tchèque 310. La suppression d'un certain nombre d'écoles allemandes et leur transformation en écoles tchèques, ont provoqué de violentes récriminations. Dans l'enseignement supérieur, la coexistence à Prague des deux Universités ne va pas sans difficultés. Une opinion assez répandue parmi les Allemands voudrait transporter l'Université allemande en territoire allemand, de préférence à Liberec (Reichenberg). Parmi les Tchèques, deux courants d'idées contraires se manifestent sur cette question : les uns désirent le transfert, pour diminuer en nombre, en force et en ardeur combative l'élément allemand de Prague, et pour donner de l'air à l'Université tchèque ; les autres sont frappés surtout du danger d'une mesure qui, accentuant la séparation des deux nationalités, risquerait de donner crédit à la conception allemande d'une Bohême dualiste, formée d'un territoire exclusivement allemand (« territoire allemand fermé ») et d'un territoire tchèque ; car la conséquence logique de cette conception est la division administrative du pays, qui serait le plus grave danger pour l'unité de la République.

CHAPITRE IV

L'ÉTAT ÉCONOMIQUE

De tous les États nés du démembrement de la monarchie austro-hongroise ou agrandis de territoires qui lui appartenaient, la Tchécoslovaquie est, au point de vue économique, le plus avancé, le plus fort, et pour longtemps sans doute le plus riche. Dans la vie économique de la monarchie, elle jouait le premier rôle, et la place que l'Autriche-Hongrie tenait sur les marchés du monde, c'est surtout grâce aux pays tchécoslovaques qu'elle l'occupait. Si les données numériques exactes manquent pour la Slovaquie, parce que les chiffres qui la concernent étaient confondus par la statistique hongroise dans ceux qui s'appliquaient à l'ensemble de la Hongrie, des statistiques officielles existent au contraire pour les pays tchèques, qui en mettent en relief l'exceptionnelle importance économique dans l'ancien empire d'Autriche. Sur l'ensemble de la Cisleithanie, les pays tchèques représentaient 25,4 % de la superficie, 35,5 de la population, 38 des terres cultivées, 50 des récoltes de céréales, 80,7 de la production de houille, 83 de la production de lignite, 48 de la longueur des lignes de chemin de fer.

Cette prospérité est l'effet d'un heureux concours des facteurs naturels et du facteur humain. Sans l'ardeur au travail, la ténacité, l'intelligence de la population, les richesses naturelles du pays, qui sont abondantes, mais point exceptionnelles, ne l'auraient point porté au rang que dès aujourd'hui il occupe parmi les États producteurs du monde. C'est l'une des manifestations de ce caractère

d'équilibre et d'harmonie qui distingue la vie économique
de la Tchécoslovaquie, et qui apparaît à bien d'autres
traits encore. Le plus frappant en est la remarquable proportion entre l'agriculture d'une part, l'industrie avec le commerce de l'autre. La valeur de leur production est presque
égale, tout comme le nombre des habitants occupés dans
l'une ou l'autre de ces deux grandes branches de l'activité
économique. Sur 100 personnes qui vivent de leur travail,
41,6 % se rattachent à l'agriculture, 38,3 % au commerce
et à l'industrie (dont 8,6 % pour le commerce). La position
centrale de la Tchécoslovaquie en Europe, les directions
diverses de son commerce extérieur, les tendances du développement de son économie nationale accentuent encore
cet équilibre et cette harmonie, où l'on peut voir une solide
garantie d'avenir pour la nouvelle République.

I. — LES RICHESSES NATURELLES.

Par leur moindre altitude et les conditions climatiques
plus favorables qu'elle entraîne, les vallées des fleuves et
des grandes rivières offrent à la production agricole les
meilleures chances de rendement et de qualité. Au tracé
des principaux cours d'eau correspondent ainsi exactement
les quatre grandes régions agricoles de la République. En
Bohême, c'est la cuvette de l'Elbe et de ses affluents, Vltava,
Ohře, Jizera (Iser) et Orlice (Adler), délimitée par une ligne
que d'Ouest en Est jalonnent à l'intérieur les villes de Žatec
(Saaz), Litoměřice (Leitmeritz), Jičín, Hradec Králové,
Chrudim et Čáslav. En Moravie, la vallée de la Dyje, avec
ses affluents Svratka (Schwarzawa) et Svitava, et celle de la
Morava, d'abord parallèles, ensuite convergentes, forment
les deux fertiles plaines de la Haná, la grande surtout, dont
Olomouc est le centre, célèbre pour sa richesse. La vaste
plaine danubienne de la Slovaquie occidentale est fameuse
par ses récoltes, et la bande de terres basses qui, dans la
Slovaquie orientale, borde entre l'Ipel et le Hornád le
massif métallifère, s'épanouit au delà de l'Ondava dans la
large vallée de la Tisa et de ses affluents. La tache verte

des forêts suit sur presque tout son pourtour la ceinture montagneuse de la Bohême, particulièrement étendue et sombre dans la Šumava (prolongement de la Forêt de Bohême au sud du seuil de Domažlice (Taus)), et dans les monts des Géants, et s'étale en Silésie sur le bord oriental du bassin de Glatz. A la frontière morave-slovaque, elle couvre les Carpathes blanches et les Petites-Carpathes, puis plus au Nord-Est les Beskydes et les Tátry, s'allongeant dans les Monts Métallifères jusqu'au voisinage de Nitra, et dans les hautes vallées du Váh et du Hornád jusqu'à quelques lieues de Košice. Interrompue entre les vallées du Dunajec et de l'Ondava, elle s'étale de nouveau sur la Russie Subcarpathique, élargie en triangle du Nord-Ouest au Sud-Est jusqu'à recouvrir toute l'extrémité orientale du pays.

L'industrie s'est attachée surtout aux gisements minéraux, houillers ou métalliques, et les régions textiles se trouvent le plus souvent au voisinage des montagnes. Autour des mines des vallées de l'Ohře et de la Bílá et des minerais voisins s'est développée la grande région charbonnière et métallurgique du Nord de la Bohême, à laquelle se rattachent Prague et la vallée de la Berounka (Beraun) avec Plzeň (Pilsen). A la bordure du pays charbonnier de Karvinná, en Silésie, sont nés à l'Ouest le grand centre métallurgique de Moravská-Ostrava avec Vitkovice (Mährisch-Ostrau-Wittkowitz) et, à l'Est, les usines de Třínĕc, près de Tĕšín. Sur les deux versants des Monts Métallifères slovaques se font face la région métallurgique de Baňská-Bystrica - Kremnica - Štiavnica (Beszterczebánya - Körmöcbánya-Selmeczbánya, Neusohl-Kremnitz-Schemnitz) dans la moyenne vallée du Hron, et celle de Dobšina-Rožnava-Rimavská-Sobota (Dobsina-Rózsnyó-Rima-Szombát, Dobschau-Rosenau-Rima-Szombát) dans le haut bassin de la Slaná et de ses affluents, au voisinage des usines de Salgó-Tarján et de Miskolcz, parties du même bassin que la frontière laisse à la Hongrie. Les industries textiles, moins étroitement liées au sol, se pressent surtout le long de la frontière orientale de la Bohême, au bord des Monts des Géants, et, par delà la pointe méridionale du bassin de Glatz, en Silésie occidentale : elles font ainsi pendant à celles de la Saxe et de la Haute-Silésie. Les deux versants des hauteurs de Moravie leur ont offert dans la région de Humpolec-Jihlava un centre secondaire, qui se prolonge jusqu'à Brno, foyer industriel un peu isolé, aussi important pour sa métallurgie que pour ses tissages. Dans l'ensemble, la Bohême et surtout la Silésie sont les régions les plus industrielles, tandis que la Moravie et la Slovaquie accusent davantage la prédominance du caractère agricole.

Le charbon n'est pas abondant dans la République tchécoslovaque. A côté d'un grand nombre de petits gisements ou insignifiants ou inexploitables on ne compte que 5 bassins houillers importants, et 4 de lignite ; pour la houille, Ostrava-Karvinná, Plzeň-Stříbro (Mies), Kladno, Záclẻř (Schatzlar) dans le Nord-Est de la Bohême, Rosice (Rossitz) en Moravie, un peu à l'Ouest de Brno ; pour le lignite, Bohême du Nord, autour de Most et Duchcov (Brüx et Dux), Falknov sur l'Ohře (Falkenau), Moravie du Sud, autour de Hodonín, Slovaquie (Handlová, dans le département de Nitra). Encore le tableau de l'extraction en 1919 montre-t-il bien que, sur ces 9 bassins, il n'y en a que cinq sur la production desquels l'industrie tchécoslovaque puisse vraiment faire fond.

EXTRACTION EN 1919, EN TONNES, ET POURCENTAGE DE L'EXTRACTION TOTALE DE LA TCHÉCOSLOVAQUIE :

Houille.

Ostrava-Karvinná.......	6.852.000	tonnes	69,6 %
Kladno................	1.419.000	—	14,4 %
Plzeň-Stříbro...........	920.000	—	9,3 %
Žáclẻř	343.000	—	3,5 %
Rosice	320.000	—	3,2 %

Lignite.

Bohême du Nord........	13.084.000	tonnes	77,4 %
Falknov	3.461.000	—	20,4 %
Moravie du Sud........	22.8000	—	1,4 %
Handlová.............	13.2000	—	0,8 %

On comprend ainsi l'intérêt passionné que l'opinion tchécoslovaque a pris au règlement de la question de Těšin. La revendication polonaise sur une grande partie du territoire de ce duché silésien, qui depuis des siècles faisait partie des pays de la couronne de Bohême, ne heurtait pas seulement la nation dans son sentiment du droit et dans sa dignité ; elle mettait aussi en péril l'indépendance économique de la République, et ainsi tout son avenir. Les réserves du bassin d'Ostrava-Karvinná sont estimées à 8 milliards de tonnes, celles des autres bassins houilliers à guère plus d'un demi-milliard. On a calculé que sur la base de l'accroissement probable de la consommation actuelle, cette réserve d'un demi-milliard serait épuisée en cinquante ans. L'arrangement qui a clos le litige de Těšin a laissé à la République tchécoslovaque la moitié environ des réserves d'Ostrava-Karvinná. De la sorte, son industrie a au moins le temps de s'organiser pour puiser à d'autres sources l'énergie dont elle aura besoin lorsque celle de la houille lui manquera. Les réserves de lignite sont évaluées à 11 ou 12 milliards de tonnes, et la consommation actuelle est d'environ 75% supérieure à celle de la houille.

L'extraction de la houille a été en progrès constant dans les quarante années de 1876 à 1916. A ne considérer que les bassins principaux, elle a, durant cette période, presque quintuplé, de 3.100.000 tonnes à 14.000.000 en chiffres ronds. Celle du lignite, partie de 5,010.000 tonnes en 1876, a atteint son maximum en 1913 avec près de 17 millions ; depuis elle était par une diminution régulière redescendue en 1916 au chiffre de 14.000.000. Entre 1916 et 1918, la guerre faisant sentir tous ses effets, l'extraction tombe à 10.900.000 pour la houille et 11.400.000 pour le lignite. En 1919, la houille donne un résultat encore moins satisfaisant, par suite du gros déficit du bassin de Karvinná, dont l'une des causes principales est la situation politique troublée ; le lignite au contraire se relève. 1920 voit une reprise générale (11.143.000 tonnes de houille, 19.943.000 de lignite) que la consolidation politique et économique de l'Europe ne pourra qu'accentuer.

Tandis que la production de houille de la Tchécoslovaquie ne suffit pas à la consommation indigène, la production de lignite au contraire, la dépasse. En outre, les houillières tchécoslovaques ont, par suite des conventions qui règlent la liquidation de l'ancienne monarchie austro-hongroise, l'obligation de fournir une importante quantité de charbon à l'Autriche et à la Pologne : le quart environ de la production tchécoslovaque passe ainsi à l'étranger, Il en résulte un déficit en houille qui est comblé, en partie, par un échange avec l'Allemagne : elle prend du lignite contre de la houille qu'elle fournit, dans la proportion de 2 à 1 ; une convention conclue en janvier 1921 prévoit un échange mensuel de 220.000 tonnes de lignite contre 110.000 de houille. La quantité totale de charbon exportée par la Tchécoslovaquie a été en 1920 de 1.134.000 tonnes de houille, 274.000 de coke, 3.430.000 de lignite, 55.000 de briquettes de lignite. Les pays destinataires ont été l'Autriche (522.000 tonnes de houille, 142.000 de coke, 1.062.000 de lignite, 12.000 de briquettes), l'Allemagne (28.000 de houille, 2.368.000 de lignite, 43.000 de briquettes), la Pologne, uniquement par le bassin de Moravská-Ostrava (570.000 tonnes de houille, 117.000 de coke). Le reste, par petites quantités, est allé surtout en Yougoslavie, en Hongrie et en Roumanie. L'importation n'a porté que sur de la houille et du coke de Haute-Silésie, 918.000 tonnes de l'une et 125.000 de l'autre.

Les trésors enfouis dans le sol de la Tchécoslovaquie sont extrêmement variés. On y trouve en effet de l'or (quantité de métal produite en 1917 : 130 tonnes), de l'argent (27.500 tonnes), du cuivre (en 1913 : 1.000 tonnes), des minerais de fer (1913 : 990.000 tonnes, 1917 : 711.000), de plomb (1917 : 8.000 tonnes), d'étain, d'antimoine, de zinc, de graphite (29.000 tonnes), d'urane (780 kilos) et de wolfram (9 tonnes), du sel. Parmi les terres précieuses, outre les argiles à briques (dans les régions de Prague, de Brno et de Břeclava), on remarque le kaolin (surtout près de Karlovy Vary et de Znojmo) et le feldspath, qui ont donné énaissance à une importante industrie de la porcelaine, et la silice qui se rencontre dans le Nord de la Bohême et dans la haute vallée de l'Ipel.

Une des grandes richesses naturelles de la République réside dans ses sources minérales et thermales, nombreuses, abondantes, variées et efficaces. Les principales se trouvent dans les deux vallées de l'Ohře et du Váh, ou dans leur voisinage : d'une part Karlovy Vary (Carlsbad), Františkovy Lázně (Franzensbad), Mariánské Lázně (Marienbad), et Teplice, de l'autre Piešťány (Pöstyén, Pistyan) et Trenčianské Teplice. Parmi les autres, moins importantes, Luhačovice, en Moravie, sur les pentes occidentales des Carpathes blanches, Poděbrady, dans la vallée de l'Elbe, Bilina près de Teplice, Kysibl (Giesshübel), au voisinage de Karlovy Vary, Rajec sur le versant Ouest des petites Tátry, Sliač dans la vallée du Hron méritent d'être citées. Avant la guerre, l'afflux des baigneurs venus des pays même les plus lointains était pour l'Autriche une source de gros revenus : la République n'en tirera pas moins de profits lorsque le rétablissement de communications plus faciles qu'aujourd'hui en permettra le plein développement. D'autre part, l'exportation des eaux minérales occupe une place intéressante dans le bilan du commerce extérieur tchécoslovaque.

Dans un avenir assez prochain, la Tchécoslovaquie peut trouver dans sa richesse en pétrole une compensation à l'insuffisance de sa production charbonnière. Il n'existe encore qu'une exploitation en activité, les puits slovaques de Gbely (Egbell), à l'extrême pointe sud-occidentale des Carpathes blanches ; et le rendement annuel n'en est que de 6 à 7.000 tonnes. Mais l'identité géologique des versants septentrional et méridional des Carpathes a porté à soupçonner la présence en Slovaquie orientale et en Russie Subcarpathique de gisements pétroliers dont les sondages ont confirmé l'existence. Ils ne paraissent pas devoir le céder de beaucoup à ceux de la Galicie, dont la richesse est connue et dont la fortune a été grande. S'il en est ainsi, la Tchécoslovaquie prendra rang parmi les pays grands producteurs de pétrole, et verra s'ouvrir devant elle de nouvelles perspectives très brillantes d'avenir économique.

A côté de l'énergie tirée du pétrole, celle que fourniront les forces hydrauliques lui permettra de voir avec moins de craintes approcher le moment où ses réserves de charbon seront épuisées. Les rivières de montagne à pentes rapides non moins que les fleuves plus calmes et plus puissants offrent d'immenses ressources à une électrification systématique, dont les travaux préparatoires ont été entrepris presque dès la naissance de la République. Pour la seule Slovaquie, les études faites sous l'administration hongroise, qui n'avaient guère porté que sur les stations de plaine (au-dessous de 400 mètres d'altitude), accusaient une capacité de production de plus d'un milliard et demi de kilowatts-heures par an, qu'augmenterait notablement le contingent fourni par les stations plus élevées. Celui des pays tchèques n'y resterait certainement pas inférieur. Aux usines centrales hydrauliques s'ajouteraient les usines à vapeur qui seraient ou développées ou créées de toutes pièces : on y emploierait notamment les grandes quantités de lignite de qualité inférieure qui actuellement sont transportées à grands frais jusqu'aux lieux de consommation où l'énergie électrique arriverait à moindre coût, ou même restent inutilisées. Le territoire de la République est déjà divisé en 14 régions à électrifier. Les plus grandes usines prévues sont celles de Chomutov (Komotau), fonctionnant au lignite, et de Štěchovice, hydraulique, toutes deux destinées à alimenter la région de Prague ; on compte que la capitale à elle seule, avec toute son industrie, consommera 100 millions de kilowatts-heures par an, ce qui correspond à 300.000 tonnes de lignite. Les mines de lignite de la Bohême méridionale seront une source nouvelle d'électricité. En Moravie, l'agrandissement de l'usine à vapeur d'Oslavany et la création près de Znojmo d'une nouvelle usine hydraulique donneront une puissance presque égale à celle de la région de Prague. Pour la Slovaquie, c'est surtout la force des eaux du Váh qui peut servir à en modifier toutes les conditions économiques. Les conséquences de ce plan de grande envergure, dont l'exécution est amorcée, se feront sentir jusque dans un tout autre domaine. Non seulement le problème de l'énergie industrielle se trouvera singulièrement simplifié, et celui des chemins de fer prendra un aspect tout nouveau : mais les travaux d'aménagement des cours d'eau permettront une irrigation dont l'agriculture ressentira les heureux effets ; et, par l'augmentation de la capacité des voies navigables et la correction de nouvelles rivières, des transports plus faciles et plus économiques seront assurés aux grosses industries du pays.

II. — Les communications et les transports.

Le réseau routier des trois pays tchèques, d'une longueur totale de 56.000 kilomètres, est surtout développé en Silésie (84 k. par 100 k²), ensuite en Moravie (61), et en Bohême (53). La Slovaquie et la Russie Subcarpathique ont l'une 29.000 kilomètres de routes et chemins, l'autre 4.700, soit par 100 k² de superficie 51 et 32 kil. ; mais, comme le classement des routes et chemins n'était pas le même dans l'ancienne Hongrie que dans l'ancienne Autriche, ces deux séries de chiffres ne sont pas exactement comparables. La création d'un réseau automobile postal serré, dont un grand nombre de lignes fonctionnent déjà, tend à rendre la vie aux routes et à leur restituer leur ancienne importance.

Dans les trois pays tchèques les voies navigables avaient, en 1916, une longueur de 425 kilomètres ; plus des quatre cinquièmes se trouvaient en Bohême, dont les 200 kilomètres propres à porter des vapeurs ; des 1.000 kilomètres flottables, les quatre cinquièmes aussi étaient en Bohême. La Slovaquie compte un peu plus de 200 kilomètres de voies navigables. La grande artère de la Bohême est formée par la Vltava et l'Elbe, de Štěchovice, à quelque 30 kilomètres en amont de Prague, jusqu'à la frontière saxonne ; des travaux sont en cours pour permettre la traversée de Prague sans le transbordement qui est jusqu'ici nécessaire, et plus tard les rapides de Štěchovice pourront être franchis, et la grande voie fluviale prendre ainsi toute sa valeur et étendre vers le Sud son rayon d'action. Pour le moment, la grande navigation commence sur l'Elbe à Ústí nad Labem (Aussig), d'où les convois vont sans rompre charge jusqu'à Hambourg. Ústí est port d'échange entre le chemin de fer et le fleuve, comme entre les péniches de rivière et les chalands du fleuve : une ville industrielle s'y est développée autour du port. En 1913, le trafic entre Štěchovice et Mělnik était de 3.800 bateaux portant 338.000 tonnes de marchandises, dont 300 bateaux et 83.000 tonnes en provenance ou à destination de l'étranger ; entre Mělnik et la frontière, 19.000 bateaux avec 3.370.000 tonnes, dont près de 16.000 bateaux et 3.140.000 tonnes formant le trafic avec l'au-delà de la frontière : de ce dernier chiffre, l'importation formait le quart, l'exportation les trois quarts. 1.400 radeaux, pesant 280.000 tonnes, avaient la même année suivi la Vltava et l'Elbe à destination d'une station intérieure, et 4.500, d'un total de 340.000 tonnes, vers l'outre-frontière. Sur le Danube, Bratislava est destinée à devenir le grand port tchécoslovaque, appelé à faire concurrence à Vienne et à Budapest, et à réaliser l'idée économique et politique qui s'exprime dans l'établissement de la République tchécoslovaque, Alliée, sur le cours moyen du grand fleuve jusqu'hier toujours ennemi. Les travaux du port sont commencés et vivement poussés. Mais le réseau navigable tchécoslovaque ne prendra vraiment toute sa valeur que par l'achèvement des canaux qui relieront l'Elbe, l'Ohře et peut-être la Vistule au Danube. Adopté il y a vingt ans par le gouvernement autrichien, plus comme expédient politique que pour des raisons économiques, le programme de ces canaux a été repris par la République tchécoslovaque, et les études en sont menées avec activité. Quand ils seront construits, la Tchécoslovaquie verra son territoire traversé par une ou deux des plus grandes voies navigables de l'Europe, comme il l'est déjà par quelques-unes des grandes lignes ferrées internationales. Les trois fleuves sur lesquels les traités lui assurent le droit de libre circulation seront désormais unis, et, le jour où se fera le canal du Danube à l'Adriatique, depuis longtemps étudié dans l'ancienne Hongrie, et dont le projet renaît dans la nouvelle Yougoslavie, elle pourra communiquer directement par eau avec les deux mers sur lesquelles des débouchés lui sont garantis, avec les zones franches que le traité de Versailles lui assure pour 99 ans dans les ports de Hambourg et de Stettin comme avec Trieste et Fiume, où elle est simple cliente, et non point locataire imposée et privilégiée.

Le réseau ferré tchécoslovaque avait au 1er septembre 1919 une longueur de 13.316 kilomètres, dont 1.622 à double voie. Pour près des deux tiers, 8.120 kilomètres, il est la propriété de l'État, qui a en outre assumé l'exploitation des quatre cinquièmes du reste (3.833 kilomètres). Des trois grandes compagnies d'intérêt général qui existaient encore en 1918, la plus importante, Košíce-Bohumín (Kassa-Oderberg, Kaschau-Oderberg), a passé au mois d'octobre 1919 sous l'exploitation de l'État ; celles d'Ústí-Teplice (Aussig-Teplitz), qui dessert la région minière du Nord de la Bohême, et de Buštěhrad, qui relie Prague à la frontière allemande par la vallée de l'Ohře, conservent seules une autonomie provisoire. Le réseau d'État, réparti en sept directions, relève du ministère des chemins de fer. Le trafic total des voies ferrées tchécoslovaques en 1919 a été de 135 millions de voyageurs et 36 millions et demi de tonnes de marchandises. Le rapport de la longueur des voies ferrées à la superficie est exactement le même qu'en France, 9 kil. 400 pour 100 kilomètres carrés.

La configuration du réseau s'explique par les conditions politiques de l'époque où il a été construit. Les lignes principales sont orientées vers Vienne ou Budapest et évitent autant que possible Prague. Une artère maîtresse telle qu'est aujourd'hui Prague-Brno-Bratislava est équipée et exploitée en grande ligne sur toute la section où elle était autrefois la voie principale de Prague à Vienne, c'est-à-dire jusqu'à Břeclava, et ensuite en ligne d'intérêt local, où la vitesse diminue de moitié. Les chemins de fer de la Bohême orientale convergent dans la direction de Vienne, et cette région ne communique avec Prague que par des lignes sinueuses, faites de tronçons mal ajustés : car son industrie dépendait de Vienne, qui la détournait de Prague. En Slovaquie, il n'y a qu'une ligne transversale, celle de Bohumín à Košice, section des deux voies Berlin-Breslau-Budapest et Budapest-Tátra ; elle reçoit à Žilina le trafic de Bratislava vers Košice, c'est-à-dire de la Slovaquie orientale vers l'occidentale, auquel est imposé ainsi, pour une distance à vol d'oiseau de 300 kilomètres, un trajet de plus de 450, parce qu'il n'existe point de ligne continue en Slovaquie centrale, tandis que la frontière coupe onze lignes verticales, dont six dirigées vers Budapest. Entre les pays tchèques et la Slovaquie, quatre voies ferrées seulement : au Sud, vers la Slovaquie occidentale, la ligne Břeclava-Kúty-Bratislava, et la ligne locale de Kúty à Trnava ; au Nord, la seule ligne de premier rang, Bohumín-Čaca-Košice, que la République a bien failli perdre au moment critique de l'affaire de Těšín (elle a finalement gardé la gare de Těšín, qui est sur la section de Bohumín à Čaca, en abandonnant la ville qu'elle dessert), de sorte qu'elle n'aurait plus eu de communication directe avec la Slovaquie orientale que par la ligne du centre, Brno-Vlárský průsmyk (Vlarapass, col de Vlara)-Teplá-Třenčianská, sinueuse, de profil tourmenté, toujours sous la menace des inondations, inutilisable une partie de l'année, et qui allonge de 36 kilomètres le trajet. De Prague à Žilina, tête du tronc commun sur Košice, les distances sont par Bohumín 467, par le col de Vlara 503, par Bratislava 599 kilomètres ; or, de janvier 1919 à août 1920, c'est sur la seule ligne de Bratislava qu'au prix d'un détour de 130 kilomètres, le trafic tchèque-slovaque trouvait à la fois toute liberté et toute sécurité.

A sa position géographique, la Tchécoslovaquie doit de voir se croiser sur son territoire deux grands courants de la circulation européenne ; l'un vertical, de la mer du Nord vers l'Égée, l'autre horizontal, d'Angleterre et de France vers l'Europe orientale. Le premier est desservi par les deux lignes de Děčín-Podmokly-Prague-Budapest, l'une *via* Cmunt-Vienne-Györ, l'autre par Břeclava-Bratislava-Parkáň, sections alternatives du grand tracé Hambourg-Belgrade-Salonique ou Constantinople. A mesure que l'Europe retrouvera son équilibre politique et économique, l'importance et la valeur de cette ligne ne peut que grandir. Le jour, d'autre part, où la Russie se rouvrira à des relations industrielles et commerciales normales, Prague et la Tchécoslovaquie éprouveront l'avantage d'être sur l'itinéraire direct de Paris à Kiev et à Kharkov, par Bohumín-Cracovie-Lwów. Elles y trouveraient une heureuse compensation à la perte du trafic entre l'Occident et la Pologne posnanienne et varsovienne, que le jeu de la plus courte distance vient d'attirer de nouveau tout entier sur la ligne Paris-Cologne-Berlin-Poznán-(Posen)-Varsovie. De Paris à Varsovie, il y a, par cet itinéraire allemand, 1.700 kilomètres, et par Prague, aujourd'hui, un peu plus de 2.000. Cette dernière distance pourrait être abaissée de 200 kilomètres environ par la construction de divers raccourcis, dont la carte montre l'emplacement nécessaire, entre Strasbourg et Stuttgart, entre Nuremberg et Prague, et surtout entre Prague et Breslau, qui ne communiquent aujourd'hui que par des voies de troisième ordre, ou au prix d'énormes détours. La difficulté de ces constructions ne serait pas seulement ni principalement dans leur prix, mais avant tout dans la nécessité du concours de l'Allemagne, sur le territoire de laquelle elles devraient se faire pour la plus grande partie, et que rien dans le traité de Versailles n'oblige à s'y prêter, et aussi dans le fait qu'après leur achèvement à grands frais le tracé prussien garderait encore une avance de 100 kilomètres. Ce désavantage de la ligne tchécoslovaque pourrait-il être corrigé, et même un avantage lui être assuré par des combinaisons d'horaires et de tarifs ? Des raisons politiques très nettes conseillent aux puissances alliées de faire en ce sens tout ce qui se peut. Le trafic direct des voyageurs d'Occident sur Varsovie, établi au commencement de 1919 par Vienne, ramené un an après sur Prague, y a passé jusqu'en mars 1921, où une nouvelle relation créée *via* Berlin a mis Varsovie à 40 heures de Paris et 45 de Londres, au lieu de 46 et 55 ou 60 et 66, suivant les trains, par Prague. L'intérêt évident des Alliés est de favoriser toute mesure qui, rapprochant la Pologne de la Tchécoslovaquie, développera entre elles le sentiment de leur solidarité, comme toute combinaison qui, diminuant la distance de Prague en Occident, mêlera plus intimement la Tchécoslovaquie à toute la vie européenne, dont la politique de chemins de fer de l'ancienne Autriche semblait prendre à tâche de la tenir isolée.

Pour assurer à la Tchécoslovaquie les débouchés sur l'Adriatique auxquels son exportation est habituée et dont elle a besoin, les traités de Saint-Germain et de Trianon ont constitué à son profit une servitude sur les lignes autrichiennes et hongroises par où s'établit sa plus courte distance vers Trieste ou Fiume : Budějovice-Linz-St-Michael-Klagenfurt-Assling et Klagenfurt-Tarvis d'une part, Bratislava-Mura-Keresztur — *via* Kanizsa-Sopron (Œdenburg) et *via* Csorna-Hegyfalu-Sárvár), — Pragerhof de l'autre, ou toute autre ligne par laquelle les administrations intéressées, pourraient convenir de les remplacer. Le droit de passage comprend la faculté d'établir des dépôts de machines, des

ateliers de petit entretien et une inspection de l'exploitation
en ce qui concerne les trains tchécoslovaques : son efficacité
est donc largement garantie. De plus, le traité de Trianon
permet à l'État tchécoslovaque de réclamer, dans les cinq
années de sa mise en vigueur, l'amélioration de la voie
ferrée hongroise Bratislava—Nagy-Kanizsa, à frais communs,
répartis en proportion des avantages que retireront de cette
amélioration les deux États intéressés. Enfin la ligne de
la vallée de l'Ipel de Šahy (Ipolyság) à Lučenec (Losoncz),
que la frontière a laissée en territoire hongrois, est frappée
au profit de la Tchécoslovaquie d'une servitude analogue,
mais pour quinze ans au maximum, c'est-à-dire le temps
pour la République de construire sur son territoire une
voie ferrée qui l'affranchisse du passage par la Hongrie.

Des constructions et des adaptations sont prévues pour
redresser le réseau, et l'ajuster au nouvel état politique du
pays. La ligne directe de Prague vers la Bohême orientale
(Trutnov, Trautenau,), le raccourci Přerov-Žilina, qui re-
joindra directement la vallée de la Morava à celle du Váh,
supprimant dans les relations Prague-Košice le détour par
Bohumín-Těšín avec les inconvénients militaires qu'y entraîne
le voisinage trop proche de la frontière polonaise, la ligne
centrale de Slovaquie Bratislava-Košice-Užhorod, donneront
à la carte des chemins de fer tchécoslovaques un aspect
tout nouveau, amélioreront la position stratégique de la
République et aideront grandement à l'essor de son commerce. Des doublements de voies s'imposent sur nombre
de sections insuffisantes ou surchargées. L'exploitation,
très difficile au début par suite de la pénurie de matériel
et de l'usure de celui qui circulait, s'est déjà sensiblement
améliorée ; le partage de l'ancien parc de wagons autrichien
et hongrois et la livraison successive d'un matériel neuf
achèveront de lui rendre sa régularité. De tous les États nés
du démembrement de l'Autriche-Hongrie, la Tchécoslovaquie est d'ailleurs celui où elle a été le moins gravement
troublée.

Le service des postes, télégraphes et téléphones a son
ministère spécial, dont relèvent six directions régionales.
il occupe un personnel de 45.000 individus. Il y a 6.000 bureaux de poste ou de télégraphe (3,7 par 100 kil. carrés, au

lieu de 2,7 en France), 52.000 kilomètres de fils télégraphiques (et autant pour le service des chemins de fer), environ 160.000 kilomètres de fils téléphoniques urbains et 50.000 d'interurbains ; de ces derniers 39.000 sont dans les pays tchèques, et ont servi, en 1919, à 4.700.000 conversations. Le nombre des abonnés au téléphone est d'environ 60.000. La caisse d'épargne postale, détachée de celle de Vienne dès la Révolution, a été absorbée moins d'un an plus tard dans l'office de chèques postaux, qui réunit les deux services : le mouvement de 1919 a atteint 43.600 millions de couronnes tchécoslovaques, dont 15.500 seulement en numéraire, le reste en chèques ; en 1920, les virements ont été de 35 milliards, le mouvement total de 112 milliards. Le réseau automobile postal, qui avait dans l'été de 1920 une longueur de 650 kilomètres, est en constante extension : il comporte actuellement 55 lignes, d'une longueur totale de 1.155 kilomètres. Divers itinéraires aériens ont été créés ou sont projetés pour desservir un trafic international : le plus important jusqu'ici est celui de Paris-Strasbourg-Prague-Varsovie, en pleine exploitation ; Prague est également reliée par avion à Bratislava et Užhorod.

III. — L'AGRICULTURE.

L'agriculture des pays tchèques est savante et intensive. Ses rendements élevés la placent pour certaines récoltes au tout premier rang de l'Europe et du monde. La Slovaquie, qui forme les deux cinquièmes de la superficie agricole utilisable de la République, est en retard dans ce domaine comme dans tous les autres. par l'effet du régime auquel elle a été soumise ; mais, comme sa richesse naturelle est très grande, comme la conquête de l'indépendance a ouvert pour elle une ère nouvelle, comme ses progrès se marquent déjà et promettent d'être extrêmement rapides, il n'est pas douteux que, grâce à son apport, on verra bientôt s'élever les chiffres des rendements agricoles de la République, qui aujourd'hui sont, par son fait, inférieurs de 15 % à ceux des pays tchèques. Si, de toute l'Europe d'avant-

guerre sauf la Turquie et le Luxembourg, du Canada et
des États-Unis, on forme une liste qui, avec la Tchécoslovaquie, comprend 23 noms, et qu'on y range les États d'après
la moyenne quinquennale des récoltes entre 1909 et 1913,
la Tchécoslovaquie, qui s'y inscrit treizième pour la superficie, dixième pour la population et onzième pour l'étendue
du territoire agricole, y vient quatorzième pour la production totale du blé, neuvième pour celle de l'avoine, huitième
p our les pommes de terre, septième pour l'orge, cinquième
pour le seigle, quatrième pour le sucre brut ; et si, au lieu
d e considérer le chiffre total de la récolte, on prend la production par tête d'habitant, son classement devient encore
bien plus favorable. Pour l'élevage, elle est moins bien
placée, quinzième pour les ovins, dixième pour les bovins
et neuvième pour les porcins. Son rendement à l'hectare en
b lé n'est dépassé que par celui des États scandinaves, des
P ays-Bas et de la Belgique, de la Suisse, puis de l'Angleterre
et de l'Allemagne d'avant-guerre ; mais, pour ces deux
grands États, c'est le fait de la Slovaquie, et les pays tchèques
s euls prennent le pas sur eux.

La terre utilisable est exploitée à fond. Dans l'ensemble
de la République, 4 % seulement de la superficie restent
improductifs (en Allemagne 10, en France 13, en Grande-
Bretagne 15, mais ces chiffres comprennent partout les
terrains bâtis) ; c'est surtout en Slovaquie et en Ruthénie
que des améliorations agricoles pourront augmenter l'étendue cultivable. 45 % de la superficie productive sont de la
terre arable, 18 % des prés et en pâturages, 33 % des forêts
(en France, les chiffres correspondants sont 50, 19 et 18 ;
la Grande-Bretagne n'a que 4 % de forêts et l'Allemagne
26). Le quart de la terre arable est consacré au blé et à
l'orge, cultures intensives (30 % en France, 25 % en Angleterre, 15 % en Allemagne), un peu plus du septième aux
fourrages, type de culture extensive (l'Allemagne a le
même chiffre, la France moitié plus, et l'Angleterre un peu plus
du double). La Slovaquie fournit certains produits dont l'agriculture tchèque manquait presque entièrement, ou tout au
moins de manière sensible, le tabac, dont on récolte environ
60.000 quintaux, le maïs, qui facilite l'élevage, et les vignes,
plus étendues que celles de la vallée de l'Elbe (qui sont

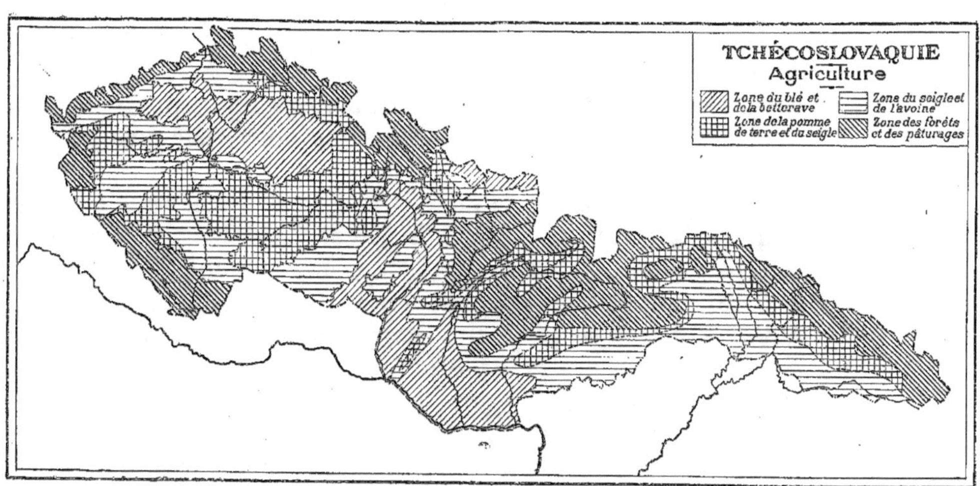
TCHÉCOSLOVAQUIE
Agriculture
Zone du blé et de la betterave
Zone du seigle et de l'avoine
Zone de la pomme de terre et du seigle
Zone des forêts et des pâturages

surtout un amusant paradoxe), que celles aussi, plus abondantes et plus chaudes, de la Hanná ensoleillée, les vignes
dont certains vins, naguère vendus sous des noms hongrois,
ont parfois, au voisinage du fameux Tokaj, pris quelque
chose de son feu ; c'est grâce à la Slovaquie que la production
viticole annuelle de la République atteint 600.000 hectolitres, dont la valeur actuelle se chiffre par centaines de
millions.

Au moment où s'est effondrée l'Autriche-Hongrie, le cinquième de la terre en Tchécoslovaquie appartenait à la
grande propriété de plus de 100 hectares ; pour la seule
Slovaquie, ce chiffre s'élevait même à 28 %, et c'est l'une
des principales causes de l'émigration qui a dépeuplé et
appauvri cette région. De ce cinquième même, près des
deux tiers étaient groupés en immenses domaines de plus
de 1.000 hectares ; et, pour les seuls pays tchèques, cette
catégorie s'élevait aux quatre cinquièmes. La réforme fon-
cière devait donc être l'un des premiers soins de la République démocratique. Elle a été réalisée dans une série de
lois, qui sont actuellement en cours d'application. Les
grandes propriétés sont expropriées contre indemnité jusqu'à concurrence de 150 hectares de champs, jardins et
prés, ou 250 hectares de toutes terres, pâturages et forêts
comprises : des exceptions peuvent être faites pour des
raisons d'utilité générale et en petit nombre. Les terres
expropriées sont avant tout destinées à constituer des propriétés aux anciens journaliers agricoles ou à arrondir celles
des très petits propriétaires. Un crédit agricole spécial
permet à ces acquéreurs sans fortune l'achat des terres
expropriées. En attendant qu'ils puissent les acheter, ils
peuvent, à titre transitoire, les louer à court terme :
200.000 hectares environ ont été ainsi loués en 1920. L'expropriation doit porter au total sur 1.200.000 ou 1.300.000
hectares de terres cultivées, qui forment les quatre cinquièmes
de la surface cultivée des grandes propriétés.

L'instruction générale et professionnelle des paysans
tchèques et leur forte organisation coopérative empêcheront
que la diminution de la grande propriété ne soit accompagnée
d'un recul des méthodes de culture et des rendements. La
coopération agricole, qui comprend actuellement 10.000 so-

ciétés avec un million de membres, représente une puissante force d'éducation, de progrès et d'assistance mutuelle. La Slovaquie, tenue à l'écart de ce mouvement jusqu'à la Révolution de 1918, y est franchement entrée depuis deux ans, et compte déjà un millier de coopératives. Des conseils agricoles provinciaux en Bohême et en Moravie, une Union centrale des agriculteurs de toute la République dirigent et concentrent les efforts. Ces organisations professionnelles donnent un grand poids à l'action du parti politique agrarien. Récemment des divergences ont semblé se manifester entre les moyens ou les grands propriétaires et les petits, les uns de tendance plus conservatrice, les autres démocrates jusqu'à incliner vers le socialisme. Le développement de la réforme agraire ne manquera pas d'exercer une grande influence sur la vie et l'équilibre du parti.

L'agriculture tchécoslovaque a donné naissance à une industrie agricole très forte, qui fait en partie sa puissance. Sur la culture de la betterave, très répandue dans les grandes plaines, sauf celle de la Slovaquie orientale, s'est greffée une industrie sucrière qui, avant la guerre, constituant les quatre cinquièmes de l'industrie sucrière austro-hongroise, fournissait 15 % environ de la production mondiale du sucre de betterave, et 7 % de la production canne et betterave additionnée : 1.158.000 tonnes de sucre brut en année moyenne de 1909 à 1918, 700.000 en 1918/9, 535.000 en 1919/20, 650.000 en 1920/1. La culture du houblon, — où la Tchécoslovaquie vient au premier rang du monde pour la qualité comme pour la quantité produite par rapport à la surface, et au quatrième pour la quantité absolue — et celle de l'orge ont donné l'essor à la brasserie dont les bières (production des pays tchèques, 1910/11 : 13 millions d'hectolitres ; 1919/20, 6.300.000) ont porté au loin la renommée de la Bohême, et à la malterie, qui exporte en temps normal pour des dizaines et des centaines de millions de couronnes. De la betterave, des grains et de la pomme de terre tchécoslovaques, on tirait, en moyenne annuelle, de 1909 à 1913, 1.260.000 hectolitres d'alcool, ce qui faisait de la Tchécoslovaquie le premier pays pour la production par tête d'habitant. Une abondante et excellente récolte fruitière alimente beaucoup de fabriques de conserves. L'exploitation forestière, qui faisait vivre jusqu'ici de nombreuses scieries, des fabriques de meubles et quelques usines de produits chimiques, est peut-être la plus riche d'avenir des industries agricoles, avec ses immenses forêts, presque également formées de conifères et d'arbres à feuilles, son abondance de pins, de hêtres, de chênes, et sa forte proportion (un quart ou un tiers du total) de massifs qui restent à aménager régulièrement.

Parmi les 73 établissements sucriers de la République (dont certains ont plusieurs usines), les plus importants sont Velké Šurany (Nagysurány) et Sered en Slovaquie, la Société sucrière bohême à Prague, l'Union des sucreries moraves à Olomouc, Ústí (Aussig), Krásné Březno (Schönpriesen), Neštomice, Schœller & C°, la société sucrière de Hodonín (Goding) et la sucrerie d'Opava. Les brasseries les plus célèbres sont les deux grandes brasseries de Plzeň, les plus importantes, avec elles, celles de Smíchov (Prague), de Budějovice et de Moravská Ostrava. Les distilleries étaient en 1919/20 au nombre de 1098, dont 486 en Slovaquie et Russie subcarpathique ; en Moravie méridionale et en Slovaquie, elles distillent non seulement la betterave et la pomme de terre, mais les fruits ; les 58 raffineries d'alcool étaient pour la plupart jointes à une distillerie. L'industrie du bois (plus de 3.000 scieries, dont 610 à vapeur et 140 électriques) prend un grand essor notamment en Slovaquie ; elle voit se former de nombreuses sociétés nouvelles, avec des participations étrangères, surtout américaines ; 48 fabriques de meubles et de nombreuses tonnelleries s'y rattachent, ainsi que des fabriques renommées d'instruments à cordes et à vent, dans les Monts Métalliques.

L'ensemble de la production agricole était, en 1919, inférieur de 40 % à la moyenne quinquennale 1909-1913. Mais cette diminution, qui est la conséquence de la guerre, ne peut être que temporaire, et la mise en valeur méthodique des nouvelles richesses du pays, surtout en Slovaquie, amènera rapidement la République à dépasser le rang qu'avant la guerre, confondues dans la raison sociale Autriche-Hongrie, ses provinces occupaient dans la vie économique du monde.

IV. — L'INDUSTRIE.

Un classement des industries tchécoslovaques d'après l'importance du personnel qu'elles occupent met l'industrie textile en tête, avec plus d'un demi-million d'ouvriers et employés, au second rang la métallurgie, avec environ les deux tiers de ce chiffre ; des industries verrières et céramiques vivent 150.000 ou 175.000 personnes, et des industries du cuir environ 100.000. Cependant la métallurgie tchécoslovaque, grâce à la perfection de certaines de ses installations ou de certains de ses produits, est plus renommée encore que l'industrie textile et joue sans doute un plus grand rôle dans la vie économique de la République ; et si le verre de Bohême a donné au pays une célébrité universelle, le gant de Bohême, un des produits les plus remarquables de l'habileté et du goût tchèques, fait bien aussi le tour du monde, mais sous l'étiquette allemande ou anglaise.

L'industrie cotonnière travaille avec en chiffres ronds 3 millions et demi de broches, soit les trois quarts de celles de l'ancienne Autriche-Hongrie, et plus du double de celles de la Belgique ou de la Suisse, et 130.000 métiers mécaniques (neuf dixièmes de l'ancien total) à quoi s'ajoutent de 20 à 30.000 métiers à main. Elle compte 86 filatures, 620 tissages mécaniques et 200 tricotages. A plein, elle consomme 46.500 balles par mois, soit 190.000 tonnes de coton par an. Ses deux centres principaux sont le Nord de la Bohême (régions de Liberec et de Náchod) et la Slovaquie, où la politique d'encouragement à l'industrie suivie par le gouvernement hongrois a fait naître des usines qui sont parmi les plus importantes de la République. Un grand nombre des entreprises textiles tchécoslovaques appartenaient à des sociétés de Vienne ou de Budapest, qui, pour s'adapter aux nouvelles conditions politiques et se conformer à la loi sur la nationalisation des entreprises votée par le Parlement de Prague, se transforment peu à peu en sociétés tchécoslovaques. Les usines de Kosmonosy (Cosmanos), près de Mladá Boleslav

celles de Smržovka (Mörchenstern) et de Tanvald, au voisinage de Liberec, celles que possède la Société Hernych, surtout à Ustí nad Orlicí et à Jihlava, sont parmi les plus
importants dans les pays tchèques; en Slovaquie, la fabrique
de Ružomberok (Rózsahegy, Rosenberg) rivalise avec elles,
et en dépasse la plupart par ses dimensions et la perfection
de ses installations.

L'industrie lainière tchécoslovaque a 92 % des métiers
de l'ancienne Autriche et les deux tiers de ses broches,
avec 71 filatures de laine lavée, 10 de laine peignée et 280 tissages. A plein, elle consomme 310.000 tonnes de laine lavée,
dont le troupeau indigène ne fournissait avant la guerre que
le dixième, et en 1919 qu'un peu moins du vingtième. Brno,
l'Est de la Bohème avec la Silésie, et le Nord-Ouest de la
Slovaquie sont ses trois grands centres de production. Aux
premiers rangs se placent les fabriques de drap et de
tapis de Liberec et environs (usines Liebig et Ginzkey),
les Lainages réunis et la Société d'industrie lainière de
Brno, les fabriques de drap d'Opava et de Krňov
(Jägerndorf), et en Slovaquie Žilina, Rájec et Čaca,
établissements liés d'une étroite communauté d'intérêts.
La plus grande fabrique de fez du monde se trouve dans
le Sud-Ouest de la Bohême, à Strakonice, dans les usines
de la Société anonyme des fabriques de bonnets turcs.

L'industrie linière de l'ancienne monarchie est presque
tout entière (97 %) sur le territoire tchécoslovaque ; par
l'annexion à la République du territoire de Hlučín (pris sur
l'ancienne Silésie prussienne), elle a été notablement ren-
forcée. La culture du lin, en recul dans les pays tchèques,
est désormais fort encouragée en Slovaquie, et lui promet
un nouvel essor. Quant au travail du jute et à celui de la
soie, ils n'ont, tout en n'étant pas négligeables, qu'une
importance secondaire.

Les pays tchèques fournissaient un peu plus de la moitié
du fer produit dans l'ancienne Autriche (52 %), et la Slovaquie, autant que permet d'en juger la statistique hongroise, plus des deux tiers de celui de l'ancienne Hongrie.
Quelques-unes de leurs fonderies, de leurs forges et de leurs
aciéries prennent rang parmi les premiers établissements de
l'Europe : ainsi les hauts fourneaux et les ateliers de la

Pražská Železářská Společnost (Société de l'industrie du fer)
à Prague, de la *Poldina Huť* à Prague, des *Vítkovické
Železárny* de Vítkovice et de la *Rakouská Důlní a Hutní
Společnost* à Brno, constituée en 1905 pour exploiter le
domaine industriel de l'archiduc Frédéric dans les régions
d'Ostrava et de Těšín. Leur production totale de fer,
qui s'élève à 1.700.000 tonnes par an, ne suffit pas à
l'activité des diverses industries métallurgiques, qui doivent chaque année importer quelques centaines de milliers
de tonnes. La construction mécanique est particulièrement
grande consommatrice, avec ses centres de Prague, de
Plzeň, de Moravská Ostrava et de Bratislava. Les usines
Škoda, de Plzeň, ont porté au loin sa gloire ; au lieu de
la fabrication d'artillerie qui les a rendues trop célèbres,
elles occupent désormais leurs 20.000 ouvriers à celle des
ponts, des machines et surtout des locomotives, à l'exportation desquelles l'Europe orientale offre un vaste débouché.
Prague, qui rivalise avec elles dans de vastes établissements,
les Fabriques de machines réunies, Breitfeld, Daněk et C⁰,
la Première fabrique tchécomorave de machines, dont
chacun occupe de 3.000 jusqu'à 10.000 personnes, a l'intéressante spécialité du matériel d'industries agricoles, sucrerie, brasserie, distillerie, et des machines agricoles, notamment des charrues automobiles. A Prague encore, les établissements Ringhoffer ont une réputation justifiée pour la
construction des wagons. L'industrie automobile, plus
récente, s'est rapidement taillé une place et fait un nom :
les Laurin et Klement, à Mladá Boleslav, et les *Praga* de
la *Českomoravská* (Première fabrique tchécomorave de machines) sont des marques connues, pour la voiture et pour
le camion. Il sort des usines tchécoslovaques en moyenne
annuelle 250 locomotives, 12.000 wagons, 5.000 automobiles
de tout ordre, 400 charrues automobiles: De nombreux
ateliers produisent la quincaillerie, les articles de ménage
et les ustensiles émaillés. L'industrie électrotechnique,
enfin, qui occupe de 8 à 9.000 ouvriers, est représentée
par trois ou quatre grandes sociétés et une demi-douzaine
d'entreprises moindres ; elle fabrique des machines, des
câbles, des appareils télégraphiques et téléphoniques, des
lampes. Outre ses anciens débouchés dans les Balkans, qu'elle

retrouve, l'Europe orientale lui en offrira de très vastes, et l'électrification systématique du territoire de la République assurera pour longtemps sa prospérité.

Tandis que l'industrie céramique est née sur les gisements de kaolin de la Bohême occidentale, la verrerie travaille surtout avec du sable importé de Saxe. Elle produit toutes les espèces de verre, du plus grossier au plus fin, du plus prosaïquement utilitaire au plus artistique : d'une part 11 millions de mètres carrés de verre à vitres et 165 millions de bouteilles par an, de l'autre les merveilles taillées ou gravées, aux rouges profonds, aux jaunes pâles ou aux bleus tendres, qui sortent, par exemple, des antiques ateliers de Nový Svět, dans les Monts des Géants, aux sources de la Jizera, restés l'un des conservatoires des vieux procédés de fabrication qui ont fait la gloire des verres de Bohême. Sans doute, les anciennes formes et les anciennes couleurs des vases, des coupes, des bonbonnières, des plateaux, des sveltes carafes, sont délaissées pour des modèles nouveaux, dont le mérite est peut-être égal, mais à coup sûr différent, et les amateurs peuvent le regretter ; sans nul doute aussi, la guerre a été néfaste à une industrie d'art dont le personnel, condamné à de longs chômages, a nécessairement perdu quelque chose de son métier et de son goût : mais il y a là une tradition si puissante que, sitôt les conditions économiques redevenues normales, la belle verrerie de Bohême est assurée d'un nouvel essor. Dès la fin de la guerre, c'est sur le verre courant, et, avec lui sur la verrotterie, l'article de Jablonec (Gablonz), que s'est jetée une demande impétueuse. Pour la porcelaine, de même, la porcelaine blanche et celle qui sert aux emplois techniques a été préférée tout d'abord aux pièces et aux services ornés et chers. Karlovy Vary, qui rivalise avec le Nord-Est de la Bohême dans la fabrication du beau verre, est la capitale de la porcelaine, dont des fabriques comme Pirkenhammer, des sociétés comme l'Epiag portent jusqu'en Amérique le renom. D'importantes usines situées dans l'Ouest de la Bohême produisent en abondance les briques vernies, les dallages, la faïence, et l'argile réfractaire. Au groupe des industries céramiques on peut rattacher les gisements de magnésite de la Slovaquie, et le graphite, utilisé pour les crayons qui sont l'article spécifique de Budějovice..

La tannerie tchécoslovaque, industrie très ancienne, importante dès le xive siècle, a commencé au milieu du xixe à évoluer vers le type de la grande industrie moderne, en adoptant des procédés de fabrication scientifiques et en se concentrant en grands établissements. Elle compte aujourd'hui plus de 250 usines (deux bons tiers de celles de l'ancienne monarchie), groupées surtout dans les régions de Hradec Králové, de Liberec, de Plzeň, de Brno, de Znojmo, et en Slovaquie, à Liptovský Sv. Mikuláš (Liptó Szent Miklós) dont elles sont la vie. Leur capacité de production exige, à côté des cuirs indigènes, qui ne peuvent la satisfaire qu'au cinquième, une forte importation, autrefois assurée par le reste de l'Autriche, surtout la Galicie. L'industrie de la chaussure, qui depuis vingt ans a augmenté sa production dans la proportion de 1 à 40, s'est développée dans les régions où le métier de cordonnier était autrefois le plus pratiqué : à Prague, qui compte 11 fabriques, à Pardubice, à Chrudim, sur les collines de Moravie autour de Litomyšl, à Brno, à Prostějov près d'Olomouc, et à Jihlava. Ses 200 usines travaillent aux sept dixièmes pour l'exportation. La ganterie, qui est encore davantage industrie d'exportation (à 90 %), a été fort touchée quand les Etats-Unis ont adopté les tarifs protectionnistes Mac-Kinley, et nombre de ses établissements se sont alors fermés. Prague, Kadaň près de Karlovy Vary (Carlsbad) et les Monts Métalliques sont les principaux centres d'une production dont la valeur totale était d'environ 30 millions de couronnes avant la guerre et s'élève aujourd'hui à 200.

80 usines dont la production, en constant progrès, est facilement absorbée par l'industrie du pays, fournissent par an 400.000 mètres cubes de cellulose ; elles se groupent surtout dans la haute vallée de l'Elbe, et, en Slovaquie, à Žilina, Ružomberok et Turčiansky Sv. Martín. 44 % des papeteries autrichiennes et hongroises sont aujourd'hui en territoire tchécoslovaque. Elles y trouvent en abondance les matières nécessaires à leur fabrication : la pâte de bois (l'industrie de la cellulose et du papier consomme par an 860.000 mètres cubes de bois), le kaolin (sur 120.000 tonnes produites, les trois quarts sont exportés, le reste consommé

. par les fabriques de porcelaine et les papeteries), les pyrites en Slovaquie, les chiffons. Tous les genres de papier y sont produits, et s'exportent dans toute l'Europe centrale et occidentale, certains articles, par exemple les sacs, jusqu'en Amérique. La localisation des industries dans les régions forestières est éclatante : la Šumava, le pied des Monts des Géants, le Jeseník, les Tatry, les Monts Métallifères slovaques groupent la presque totalité des 200 papeteries, dont certaines ont les installations les plus modernes et une production très importante : telles les fabriques Spiro à Krumlov dans la Šumava, les usines de Česká Kamenice à l'extrême Nord de la Bohême, celles encore de Harmanec, près de Baňská Bystrica, qui fournissent du papier pour rotatives, Vltavský Mlýn, au coude méridional de la Vltava, Elbemühl, filiale de la société autrichienne du même nom, qui a ses usines à Hostinné sur le cours supérieur de l'Elbe et près de Plzeň, Piago, à Olšany en Moravie, qui produisent tous les papiers, la dernière spécialement le papier à cigarettes et des papiers de qualité pour les usages techniques.

Les industries chimiques, encore qu'elles soient représentées en Tchécoslovaquie par un certain nombre d'établissements importants, n'y ont pas le développement qu'appelleraient les ressources et les richesses du pays. La Slovaquie et la Russie Subcarpathique leur offrent les plus vastes espoirs ; mais la réalisation de toutes les promesses exigera des années. C'est en Russie Subcarpathique ou en Slovaquie que se développera la distillation du bois, actuellement représentée par un petit nombre d'usines, Tulja Bystrá près d'Užhorod, Svaljáva près de Munkačevo. C'est là encore que pourront naître les usines de soude, à côté de la seule qui existe actuellement, Velký Bočkov (Nagybocskó) sur la haute Tisa, au voisinage des mines de sel et des salines — Slatina près de Marmarošská Sihota, (Marmaros-Sziget) et Solivar près de Prešov (Eperjes) — dont l'exploitation délivrera la République du tribut payé au sel d'Autriche ou d'Allemagne, et assurera l'indépendance de ses industries du verre et du savon. Quand les gisements de pétrole des Carpathes auront donné ce qu'on en attend, de nouvelles usines viendront s'ajouter aux trois raffineries (Pardubice, Kolín et Kralupy) qui, travaillant les huiles de Galicie, fournissent la moitié de la consommation de la Bohême, et à la grande raffinerie de Bratislava. Les fabriques d'engrais, qui sont nombreuses, dépendent d'outremer pour leurs matières premières, et peuvent exporter le tiers de leur production. De très grandes sociétés tiennent le premier rang dans l'industrie des produits chimiques : Schicht à Ústí nad Labem, qui fabrique le savon, la parfumerie, les essences à dégraisser, les graisses végétales, et l'Union des produits chimiques et métallurgiques *(Aussiger Verein)*, récemment transportée de Vienne à Karlovy Vary (Carlsbad), dont les usines fournissent chlorures et chlorates, benzines, toluol, engrais chimiques, sel de Glauber, baryte, soude, ammoniaque, céruse, et quantité d'autres fabrications. Une mention spéciale est due aux fabriques d'explosifs de la société Nobel à Zámky, près de Prague, et Bratislava. Depuis deux ans, un grand mouvement de créations s'observe dans l'industrie chimique : de nombreuses sociétés se constituent qui annoncent l'ouverture prochaine de leurs usines. L'importation de la Tchécoslovaquie dans cette branche est encore double de son exportation, qui ne porte que sur peu d'articles, et va surtout vers les Balkans.

Dans toute l'industrie tchécoslovaque, ouvriers et patrons sont puissamment organisés. Les syndicats démocrates-socialistes comptent dans leur branche tchécoslovaque 650.000 membres, dans leur branche allemande 150.000 environ ; les syndicats socialistes tchèques 250.000 ; les syndicats catholiques restent au-dessous de 100.000. Soutenus par un puissant système de coopératives de consommation (en 1919, 500 pour les démocrates-socialistes, avec un chiffre d'affaires de 270 millions de couronnes ; 250 pour les socialistes tchèques ; 160 allemandes, faisant plus de 20 millions de couronnes d'affaires), appuyés sur des partis politiques solides et disciplinés, les syndicats ouvriers tiennent une large place dans la République, et dans l'ensemble montrent une forte conscience de leurs devoirs et de leurs responsabilités. Le patronat, de son côté, est groupé par branches d'industries en syndicats eux-mêmes réunis en une Union centrale des industriels, qui étudie particulièrement les questions d'intérêt commun, douanes et finances, législation sociale, débouchés. Après s'en être tenus à l'écart, les industriels allemands entrent peu à peu dans les syndicats tchécoslovaques. Cette fusion progressive est l'un des traits les plus intéressants et les plus suggestifs qui s'observent dans la vie de la jeune République.

V. — Le commerce.

L'ensemble du commerce tchécoslovaque s'est élevé, dans l'année 1919, à 4.550 millions de couronnes à l'exportation et 5.300 à l'importation. Dans ces chiffres ne figurent ni 1e charbon à l'exportation, ni les achats du ravitaillement d'État qui se sont montés à 2 milliards de couronnes. Pour 1920, les statistiques définitives ne portent encore que sur le premier semestre, et ne représentent que le volume du mouvement commercial et non sa valeur. Une statistique provisoire évalue le total des importations de l'année à 12.500 millions de couronnes, celui des exportations à 13.300. A cause du dérèglement économique de l'univers, de la crise de la couronne tchécoslovaque et de l'existence de nombreuse restrictions à l'importation et à l'exportation, ces chiffres n'ont qu'une valeur d'indice ; ils ne marquent pas la capacité commerciale de la Tchécoslovaquie, mais ils permettent d'entrevoir la place que, dans des conditions normales, elle pourra prendre dans la vie économique du monde.

Les chiffres du premier semestre de 1920 montrent que le commerce tchécoslovaque n'emprunte encore les voies fluviales que pour un cinquième à l'exportation, un dixième à l'importation, et que la route de l'Elbe est dix fois plus employée que celle du Danube. Elles placent l'Allemagne au premier rang des fournisseurs ou des clients de la Tchécoslovaquie (60 % des importations, 44 % des exportations, mais il est possible qu'une partie de ces chiffres vienne au compte du transit encore insuffisamment organisé), l'Autriche au second, comme acheteur (8 % des importations, mais 35 % des exportations, ce qui réfute le reproche souvent adressé aux Tchécoslovaques de vouloir l'affamer). Les États-Unis vendent à la Tchécoslovaquie 3,5 % de ses importations, et lui achètent en quantité fort peu. Le contingent de l'Italie est, à l'importation en Tchécoslovaquie, 2 %, à l'exportation 3 ; celui de la France, 0,5 et 4,5. Lorsque le service de statistique, que la République a dû improviser et dont les débuts sont encourageants, fonctionnera normalement, lorsqu'il aura pu fournir, pour plusieurs années, des chiffres comparables, l'étude détaillée et méthodique du développement des relations commerciales de la Tchécoslovaquie promet d'intéressants enseignements.

Le plus gros article d'exportation, par sa masse, est le charbon (le rang qu'occupe l'Autriche parmi les clients de la Tchécoslovaquie s'explique en partie ainsi) ; ensuite le sucre, le bois, le verre, le papier, les produits de la métallurgie. A l'importation les charbons, le sel de cuisine, les céréales, les huiles et goudrons, le coton, le vin, les substances et produits chimiques, la laine, le poisson. Si faussés qu'ils soient par l'omission du charbon, les chiffres de 1919 ont une valeur d'indice qui ne peut pas être négligée. Ils montrent que l'Autriche a reçu de la Tchécoslovaquie 1.400 millions de couronnes de marchandises, et lui en a livré 610 (elle était encore, dans une très large mesure, l'intermédiaire des échanges entre la Tchécoslovaquie et la Hongrie) ; l'Allemagne, 620 et 540 millions ; la France, 526 (grâce au sucre) et 190 ; la Pologne 364 et 66 ; l'Italie, 174 et 515 ; la Grande-Bretagne, 138 et 242. Par catégorie de marchandises, les premiers articles étaient le sucre (1.265 millions), le houblon et les autres produits végétaux (576), le bois (544), les tissus (429), le verre (423), les produits métallurgiques (278), le papier (155) ; à l'importation les denrées alimentaires et boissons (2.100 millions), les matières premières nécessaires à l'industrie et les produits textiles (1.100), les machines (257), le fer et les métaux (240), les produits chimiques (185), le cuir et les articles de cuir (184), les denrées coloniales (125).

Le bouleversement général des conditions économiques à la suite de la guerre entraîne nécessairement de grandes modifications dans l'orientation du commerce tchécoslovaque, et par contrecoup dans certaines industries importantes. L'industrie textile de Brno, par exemple, avait ses principaux marchés en Hongrie et dans les Balkans. Elle était outillée pour fournir à ces pays les étoffes grossières qu'ils consomment en masses, produisait donc à bon marché, c'est-à-dire en grosses quantités, et pour une bonne part en laine renaissance, au moyen de draps usagés qu'elle retravaillait, et dont elle importait les déchets principalement d'Allemagne. Mais l'Allemagne interdit cette exportation ; par suite des jeux du change, la Pologne et l'Autriche, grâce à la dépréciation de leur monnaie, offrent à meilleur compte que l'industrie morave chez ses clients traditionnels, et l'Italie commence à l'y concurrencer aussi ; en même temps, une partie de ces clients, la population paysanne, enrichie par la guerre, est devenue plus difficile, et demande désormais de la qualité ; enfin l'élévation du taux des salaires et le renchérissement des machines chargent la production de frais généraux que ne peut plus supporter une marchandise vulgaire. La conclusion est une crise, et l'idée de changer de système, et de se tourner désormais vers la fabrication de draps bons et chers. Tous les anciens débouchés ne se fermeront pas pour cela, mais peut-être une partie d'entre eux ; il en faudra donc chercher ailleurs de nouveaux. Bien des industries, dans l'état troublé de l'Europe orientale, devront procéder ainsi à des adaptations.

Pour assurer autant que possible sa stabilité économique, la République s'efforce de conclure des traités de commerce ou des accords commerciaux. Outre les États voisins, elle en a signé avec la France, l'Allemagne, l'Angleterre, l'Italie, et en étudie avec d'autres pays. Le régime de réglementation du commerce extérieur et de prohibitions qu'elle a adopté à ses débuts, pour des raisons surtout financières, fait place peu à peu à la liberté surveillée, et, dans les relations avec l'étranger, à des concessions réciproques, le plus souvent par voie de contingentement.

La position géographique de la Tchécoslovaquie, assise au centre de l'Europe, intermédiaire entre l'Ouest et l'Est du continent, bien équilibrée sur son agriculture et son industrie, semble la prédisposer à jouer dans le grand courant des échanges commerciaux de l'Europe un rôle original. Profitant de la proximité des débouchés et des marchés de matières premières de l'Europe orientale, sa métallurgie surtout, mais aussi ses industries textiles

peuvent, accentuant un mouvement déjà commencé, s'allier
à celles de l'Occident pour leur emprunter les techniques et
les perfectionnements grâce auxquels elles deviendront les
grandes pourvoyeuses de la Russie et des Balkans en outil-
lage, vêtements et articles de grosse consommation courante.
Vers l'Europe occidentale serait dirigée la production de
luxe, les spécialités, auxquelles sé joindraient les bois, les
sucres et les produits agricoles ; en échange, elle y achèterait,
avec les machines de précision, les denrées alimentaires
fines et les tissus de qualité supérieure. La structure économique du pays le prédestine à être grand exportateur,
et, dans l'état où est l'Europe, son exportation est pour
longtemps assurée de trouver à ses portes et dans son voisinage immédiat, parmi les pays de caractère agricole, la
Hongrie, la Bulgarie, la Yougoslavie au moins pour un temps,
et dans les immenses espaces de l'Est, un marché qui absor-
bera sans peine sa production.

VI. — L'ORGANISATION BANCAIRE.

Comme l'industrie et le commerce, et plus encore qu'eux,
l'organisation bancaire des pays tchèques était encore il
n'y a guère plus d'un demi-siècle tout allemande, étroitement alliée et surbordonnée à la banque viennoise, d'ailleurs
dans la dépendance de la Banque nationale d'Autriche,
devenue en 1867 la Banque austro-hongroise, et tout imbue
de l'esprit autrichien de centralisation germanisante. La
fondation, en 1869, de la *Živnostenská banka*, banque centrale des caisses mutuelles d'épargne et de crédit *(záložna,
pluriel záložny)*, est le début d'une finance nationale tchèque
organisée. Contrariée par la crise née du krach de 1873,
cette finance s'est développée surtout à partir de 1885 et
1890. C'est en partie grâce à elle qu'au jour de sa libération
la République tchécoslovaque a pu, dans le domaine économique, paraître presque en égale devant les grands États
capitalistes de l'Europe et de l'Amérique.

Ces *záložny*, où paysans, artisans et petits bourgeois
tchèques apportaient leurs économies, ont, avec les caisses

affiliées, formé, à travers les pays tchèques, un réseau serré
de distribution du crédit, dont l'association des efforts a
décuplé l'énergie et la puissance (en 1917, 902 établissements, avec plus d'un milliard de dépôts, et 635 millions
de prêts). Elles sont groupées en une Union centrale. A
côté d'elles se sont développées les caisses d'épargne tchèques
municipales ou cantonales (176 en 1917, avec 1 milliard et
demi de dépôts et 685 millions de prêts, aux neuf dixièmes
hypothécaires ou communaux), affiliées à la Banque centrale des caisses d'épargne tchèques. La population allemande a ses caisses d'épargne nationales, avec une Union
centrale des Caisses d'épargne allemandes (194 caisses avec
2 1/2 milliards de dépôts, 1 milliard et quart de prêts
hypothécaires et communaux, 400 millions d'autres prêts ;
les élections municipales de 1919 ont fait passer dans le
groupe tchèque un certain nombre de ces caisses allemandes).
Les caisses coopératives agricoles, tchèques et allemandes,
en partie du type Raiffeisen, sont également groupées en
unions : leur puissance financière dépasse aussi largement
le milliard. La moindre localité a ainsi sa petite banque,
qui, par la vertu de l'association, participe aux avantages
de l'organisation moderne du crédit, en même temps qu'elle
est l'une des assises de la force financière de la République.

Cette force, les grandes banques la représentent à l'intérieur et à l'étranger. Si l'on prend, pour la limite inférieure
du capital d'une grande banque, 25 millions de couronnes,
on trouve dans les pays tchèques 12 grandes banques, dont
deux sont allemandes. Deux seulement des tchèques ont
plus d'un demi-siècle d'existence, et la plupart sont nées
tout à la fin du siècle dernier ou dans les premières années
du présent. Les allemandes ne sont que de très peu plus
anciennes. De 1900 à 1913, le capital des neuf parmi les
plus grandes banques tchèques qui existaient déjà ou se
sont fondées dans cette période a passé de 29 millions de
couronnes à 223, leurs réserves de 7,5 à 45, leurs dépôts
de 138 à 741, l'ensemble de leur capital circulant donc de
175 à 960. Leur capital actions est aujourd'hui de 730 millions, leurs réserves approchent de 200, et leurs dépôts
dépassent 4 milliards. Les deux grandes banques allemandes
ont un capital de 128 millions de couronnes, 50 millions de

réserves, et près de 600 millions de dépôts. A côté de ces banques de premier rang, une vingtaine de sociétés tchèques, au capital variant de 20 millions à 1 million, et une demi-douzaine de sociétés allemandes prêtent leur appui à l'industrie et au commerce de la République ; et, parmi les nombreuses maisons de banque particulières, quelques-unes rivalisent avec elles. La Slovaquie, plus négligée jusqu'à la Révolution, est en voie de transformation bancaire ; sauf une ou deux sociétés à Bratislava, à Košice et à Turčiansky Svatý Martin, les banques y sont petites ou très petites ; bien peu d'entre elles atteignent ou dépassent le capital d'un million, et une seule se range parmi les grands établissements, la *Slovenská banka* de Ružomberok ; deux ou trois autres, il est vrai, la *Hospodářská banka* de Trnava (Nagyszombat, Tyrnau), la *Ludova banka* de Nové Mesto nad Váhom (Vágujhely, Waag-Neustadt), la *Sporitelna* de Sv. Martin, cherchent visiblement à s'élever dans cette catégorie, soit en fusionnant, comme l'a fait la *Slovenská* elle-même, avec des établissements similaires, soit en faisant appel au concours financier des Slovaques d'Amérique, ou en entrant en communauté d'intérêts avec quelques-unes des grandes banques tchèques.

La concurrence des agences des grandes banques de Vienne et de Budapest, à laquelle se heurtait la finance indigène, a pratiquement disparu. Elles ont été cédées à des banques tchécoslovaques, ou existantes ou fondées exprès pour les reprendre, souvent avec un important appoint de capitaux étrangers. Entre banques allemandes et banques tchécoslovaques, d'autre part, il s'est établi des ententes ; et, si les rayons d'action restent encore distincts selon la nationalité (par exemple, les mines et le commerce du charbon, qui sont pour la plus grande partie en mains allemandes, fournissent à la banque allemande sa plus importante et plus fidèle clientèle), la stricte séparation des intérêts et la sorte d'opposition qu'elle engendrait ont disparu. Le démembrement de l'Autriche et le déclin financier de Vienne ont affaibli la position du capital allemand, renforcé celle du capital tchèque et contraint des entreprises allemandes à demander aux banques tchèques des moyens que les banques allemandes indigènes ne suffisaient plus à leur procurer. Jusqu'à la Révolution, la finance était nationaliste, et les banques tchèques travaillaient, dans toute la monarchie, pour les Tchèques et exclusivement pour eux ; désormais, elle est nationale, et les banques des deux nationalités dans la République tchécoslovaque travaillent pour la prospérité de l'industrie et du commerce de l'État tchécoslovaque.

Leur conception de leur rôle et leurs méthodes d'action ont été d'ailleurs de tout temps les mêmes. Elles sont également du type allemand, entreprenantes, larges dans leurs crédits, volontiers commanditaires d'affaires intéressantes qu'elles encouragent et contrôlent, étroitement liées à l'industrie. L'un de leurs traits originaux est l'existence de « sections de marchandises », qui assument la vente des produits de telle ou telle grande usine ou groupe d'usines. La *Živnostenská banka*, Banque des pays tchécoslovaques, qui a le plus gros capital (200 millions) a peu à peu transformé ses sections du sucre, de la métallurgie, de l'industrie céramique, de l'alcool, en sociétés commerciales spéciales, sur lesquelles elle garde la haute main (pour le sucre, elle s'est unie dans une nouvelle société à la Banque d'escompte de Bohême — allemande — et à l'ancienne succursale de la *Kreditanstalt* de Vienne. La Banque de Crédit de Prague, sa principale rivale et associée, rend les mêmes services aux industries du sucre, du pétrole et du bois. La banque Bohemia, de capital plus modeste, s'est tournée vers la vente des machines agricoles et vers les transports internationaux. La Banque Union de Bohême, qui est allemande, a une section du sucre et une section des textiles, la Banque d'agriculture et d'industrie de Moravie des sections des produits chimiques, des amidons et dextrines, du sucre, de l'alcool, de la minoterie. Un certain nombre de banques ont des sections de prêts hypothécaires, qui assurent ce genre de crédit concurremment avec les banques foncières proprement dites, institutions officielles, créées, contrôlées et garanties par les autorités provinciales (Banque hypothécaire de Bohême, Banque hypothécaire de Moravie, Crédit communal et Crédit foncier de Silésie). La *Zemská banka* (Banque du pays de Bohême), elle aussi fondée, contrôlée et garantie par la Diète provinciale de Bohême, est un Crédit foncier et communal en même temps qu'une banque d'escompte et de réescompte sur le type des banques centrales d'émission.

Par la dislocation de la monarchie et l'ouverture de la liquidation de la Banque d'Autriche-Hongrie, l'édifice du crédit dans les pays tchécoslovaques s'est, dès le lendemain de la Révolution, trouvé découronné. En attendant que devînt possible l'établissement d'une Banque nationale, le réseau des succursales de la Banque d'Autriche-Hongrie a été, au mois de mai 1919, organisé sous le nom d'Office de banque du ministère des Finances en Banque centrale d'émission. La substitution à ce provisoire d'une véritable Banque nationale est subordonnée à la réforme monétaire, c'est-à-dire à la constitution d'une encaisse or. Une loi d'août 1919 a autorisé la conclusion à cet effet d'un emprunt aux États-Unis de 100 millions de dollars, mais jusqu'ici l'émission n'en a pas eu lieu.

Pour marquer son indépendance et pour ne pas être entraînée dans la catastrophe économique de la nouvelle Autriche, que chez elle beaucoup prévoyaient et certains souhaitaient, la Tchécoslovaquie s'est, en mars et avril 1919, dégagée de l'unité monétaire austro-hongroise, en estampillant les billets austro-hongrois qui se trouvaient sur son territoire (ils ont été, durant l'été, retirés et remplacés par de nouveaux billets), et en créant sa propre unité monétaire, la couronne tchécoslovaque. Du premier jour, celle-ci a fait prime sur l'autrichienne : l'écart, de 18,5 % au début, est monté dans les derniers temps jusqu'à 400 et 500 %. Cependant la couronne tchécoslovaque elle-même subissait, par rapport aux monnaies de l'Occident, une perte sensible et de grosses fluctuations : le change moyen sur Zurich était à Prague de 316 en mai 1919, de 1006 en décembre de la même année (et encore ces chiffres officiels restaient-ils parfois de beaucoup au-dessous des cours réels) ; en 1920 et 1921, il a passé par 1.600 pour revenir à 1.300 ; sur Paris, après avoir, entre mai et décembre 1919 oscillé (officiellement) de 250 à 536, il est monté en février 1920 à 675, puis redescendu à la fin de mars 1921 aux environs de 525. Cette instabilité, effet en grande partie des conditions économiques et politiques de l'Europe centrale et orientale, gêne et trouble naturellement les relations commerciales avec l'étranger, et retient les capitaux étrangers de s'employer plus largement en Tchécoslovaquie. Elle n'a chance de prendre fin que par la réforme monétaire, qui ne pourra se faire que lorsque le monde entier aura retrouvé au moins en partie son équilibre ébranlé par la guerre universelle.

Le domaine financier est l'un de ceux dans lesquels Prague aspire le plus vivement à remplacer Vienne. C'est déjà un succès pour les banques tchécoslovaques que de s'être fait admettre dans la société assez exclusive de la haute finance européenne. L'opinion nationale suit avec une attention passionnée les progrès accomplis sur ce terrain, et, récemment, elle se réjouissait de constater que le chiffre des virements et compensations entre banques, qui en 1913 était à Vienne sept fois et à Budapest deux fois et demi plus élevé qu'à Prague, y est maintenant six et huit fois plus bas : à Prague, il a atteint en 1920 le total de 41 1/2 milliards de couronnes.

CHAPITRE V

LES LETTRES, LES ARTS ET LES SCIENCES

I. — LES LETTRES.

Ce qui frappe tout d'abord dans l'histoire de la littérature tchèque, c'est la lacune d'un siècle et demi qui la coupe en deux périodes, séparées l'une de l'autre par un trou béant. L'essor qu'elle a pris depuis la fin du xive siècle grâce à Jean Hus, par qui la langue nationale, purifiée et disciplinée, est devenue langue littéraire, est brusquement brisé par la Contre-réformation qui suit la victoire des Habsbourg à la bataille de la Montagne Blanche (1621). Après les dernières œuvres de Komenský (Comenius), mort en 1670 en Hollande après plus de quarante ans d'exil, il faut, pour retrouver trace de vie littéraire tchèque, arriver à la fondation de la chaire de tchèque à l'Université de Prague (1791), aux grands travaux de Dobrovský sur la langue tchèque — qui d'ailleurs sont écrits en allemand ou en latin —, à l'histoire de la littérature de Jungmann (1825), mais surtout aux débuts de l'école romantique, à la découverte des fameux manuscrits de Kralové Dvůr et de Zelená Hora. La critique moderne, dont Dobrovský avait été le précurseur, a reconnu dans ces prétendus vieux poèmes tchèques l'œuvre d'habiles faussaires. A leur heure, ils ont contribué à rendre à la nation tchèque conscience de la valeur de sa civilisation, et donné l'essor à une renaissance littéraire dont le succès rapide a été l'un des plus puissants facteurs du relèvement politique.

La littérature tchèque est essentiellement démocratique, et l'histoire de la nation en découvre avec évidence la raison. Démocratique, d'abord, par sa préoccupation de l'utile, par sa profonde inspiration religieuse et morale : Jean Hus est un prédicateur, Chelčický, simple paysan qui fut le père de l'Unité des frères bohêmes (Frères moraves), un moraliste, Komenský avant tout un pédagogue de génie. Après sa renaissance, elle reste dans son ensemble, comme l'a justement écrit M. Denis, moins préoccupée de beauté que de vertu. C'est que, en même temps que la littérature d'un peuple de petits bourgeois et de paysans, où la bourgeoisie supérieure ne se forme que lentement, elle est une littérature de combat, elle défend le droit à la vie intellectuelle et artistique, à la vie humaine, d'une nation longtemps regardée comme inférieure pour sa langue et pour sa simplicité, recouverte par l'ombre immense de son puissant, bruyant, célèbre et impérieux voisin, le peuple allemand.

Ce n'est donc pas sa valeur esthétique que la littérature tchèque peut invoquer, jusqu'ici, pour revendiquer sa place parmi les littératures du monde, encore que depuis les premiers vers de Jaroslav Vrchlický, parus il y aura bientôt cinquante ans, elle ait sa lignée d'artistes littéraires, que l'Europe ne connaît pas assez. Mais c'est surtout, et incontestablement, sa valeur d'idées et de conscience, ce besoin de vérité, cette aspiration à la justice, ce sentiment de dignité humaine dont elle est tout pleine, la fidélité avec laquelle elle traduit le noble effort, la glorieuse inquiétude qui, depuis des siècles, agitent et tourmentent l'âme d'un peuple de confesseurs et de martyrs. C'est aussi ce qu'elle nous révèle de ce peuple, de sa vie de tous les jours, de ses mœurs, de ses coutumes, de ses travers et de ses mérites, de son originalité. Les romans paysans de Božena Němcová, où vit le peuple des campagnes tchèques d'autour de 1825 ; les nouvelles de Neruda, où se peint la *Malá Strana* des années 1850 et 1860, ce pittoresque et charmant quartier de la rive gauche de la Vltava, au pied du Hradčany, petite ville à part, avec ses merveilleux ensembles architecturaux et sa population diverse qui a pourtant un air de famille ; les romans historiques de Jirásek, véritable épopée du peuple tchèque depuis les temps hussites jusqu'à la renaissance nationale et à 1848 ; les grands poèmes allégoriques et les romans satiriques de Svatopluk Čech, et surtout ses *Chansons d'un esclave*, cri de réveil national ; la monographie sous forme de roman où M. Holeček a décrit la région natale de Jean Hus et de Chelčický, le Sud-Ouest de la Bohême ; les tableaux de la Moravie de M. Herben ; la poésie philosophique d'Otakar Březina ; les vers admirables où Pierre Bezruč a crié la misère sociale et nationale des Tchèques de Silésie : quels éléments pour une merveilleuse anthologie, où, dans la littérature, apparaîtraient le visage et l'âme du peuple tchèque !

Cette littérature garde une valeur et une originalité nationales jusque dans les œuvres de caractère plus esthétique où elle subit plus directement et plus profondément des influences étrangères, et où la forme semble l'emporter sur le fond. Vrchlický, écrivain d'une étonnante fécondité, traducteur infatigable, tout plein de Dante, de Gœthe et de Hugo, le plus grand nom de la littérature tchèque du xixe siècle, fut d'abord mal accueilli par la critique, qui lui reprochait de délaisser les sujets nationaux et de se désintéresser des luttes de son pays. Plus tard, l'erreur reconnue, on rendit justice à une œuvre délicate et puissante, et aux immenses services d'un écrivain qui a ouvert la littérature tchèque aux courants de l'Occident, brisé ainsi l'empire trop exclusif que l'influence germanique avait jusqu'alors exercée sur elle, et surtout donné à la langue la richesse, la souplesse, l'harmonie musicale sans lesquelles elle ne pouvait pas prétendre à être un véritable instrument littéraire. Dans le même sens s'est exercée l'action de Zeyer, fils d'Alsacien et de Juive, toute sa vie sollicité entre ces trois influences opposées, idéalisme occidental, sensualité orientale, rêverie slave, à l'égal de Vrchlický ardent admirateur et propagandiste des littératures latines. Si quelques-uns de leurs disciples ont glissé vers un art décadent et cosmopolite, la réaction nationale n'a point tardé à se produire, et dans la poésie de Stanislas K. Neumann comme dans les épopées, les ballades et les romans de Victor Dyk on sent, dans les dernières années du xixe siècle et les premières du xxe, le souffle puissant de l'esprit tchèque, agité, tourmenté du pressentiment que la nation entre dans une période nouvelle et décisive de sa vie.

La création du Théâtre national, dont la première pierre fut posée en 1868 (« sanctuaire de la renaissance nationale », comme on l'a appelé) et l'érection (1882) en Université tchèque des cours tchèques jusqu'alors professés en doublure des cours allemands à l'Université devenue allemande depuis la victoire des Habsbourg, sont deux dates capitales de l'histoire de la littérature tchèque contemporaine. Tandis qu'au théâtre domine encore l'esprit de la renaissance romantique, l'Université devient le foyer d'une école critique qui, du premier jour, entreprend la lutte contre la légende et l'illusion nationales pour la vérité scientifique, et, en face du romantisme attardé, devenu une menace pour le sérieux et l'énergie de la nation, dresse le droit du réalisme. Elle a ses ancêtres dans Palacký, l'élève de Dobrovský, le premier historien critique de la Bohême, élevé par son travail historique même au rang de chef politique de la nation (1798-1876 ; *Histoire de la nation tchèque* [jusqu'en 1526], 1836), et surtout dans Havlíček (1821-1856), satirique mordant, journaliste de génie, impitoyable au bavardage, à la lâcheté, à la platitude, à tous les despotismes, premier traducteur de Voltaire en Bohême, esprit profond en qui voisinent l'inspiration des Frères bohêmes et celle de Rabelais. La campagne des manuscrits (1886), menée par les professeurs, le philosophe Masaryk, l'historien Goll, le linguiste Gebauer, soulève la nation d'une indignation presque unanime ; accablés d'injures, accusés de trahison, les iconoclastes l'emportent pourtant par la seule force de la vérité, et leur rude chirurgie apporte à leur peuple le salut. Au pied de leurs chaires se pressent non seulement les étudiants tchèques, mais des fils de tous les peuples slaves. Masaryk, curieux de toute étude, d'une lecture prodigieuse, également pénétré d'influence anglaise et d'influence russe (il est l'un des meilleurs connaisseurs de la Russie en Europe), fanatique de vérité et de justice, indifférent à la faveur, à l'envie et à la haine, donne à son peuple des œuvres philosophiques et sociologiques, une revue critique, l'*Athenaeum*, un livre puissant sur la Russie (*Russland und Europa*, paru en allemand en 1913), et, dans une série d'ouvrages, formule une nouvelle doctrine politique, le réalisme, et propose à son peuple un nouvel idéal, celui de l'humanité, qu'il rattache directement à la tradition des Frères bohêmes, et qui est plein de l'idée de l'infini et de l'éternité *(La question tchèque, Notre crise actuelle, K. Havlíček)*. A côté de lui, à l'Université et dans la littérature, Drtina représente avec honneur les études philosophiques, et Radl apporte dans les questions morales, sociales et politiques, sa précision de biologiste. Dans l'histoire de la littérature et la critique, dont Jaroslav Vlček, le grand connaisseur du slovaque, est le doyen, Krejčí incarne la tendance morale et psychologique, Šalda impose sa vaste érudition et un profond sens esthétique et parfois étonne par sa verve souvent très âpre, Novák a la mesure, le goût, un don rare de vue synthétique. En histoire Goll, psychologue et styliste autant que chercheur, auteur de travaux capitaux sur l'Unité et sur le XVIIIᵉ siècle, a le mérite d'avoir créé et dirigé la *Revue historique tchèque*, et d'avoir fondé une école : les chaires historiques de l'Université sont peuplées de ses disciples, Pekař, l'historien de Wallenstein, Novotný, qui poursuit une grande histoire de la Bohême, Šusta à l'immense érudition, maître de l'histoire sociale, Krofta, infatigable à faire revivre d'après les archives le paysan tchèque, Kybal, spécialiste de l'histoire générale de l'Europe au XVIᵉ et au XVIIᵉ siècles, Glücklich, qui se consacre surtout aux questions religieuses de la fin de l'indépendance bohême, Nejedlý, l'historien de la chanson tchèque, d'autres encore. Dans le domaine de la slavistique, Niederle pour l'archéologie, Polívka pour la dialectologie et le folklore, Bidlo pour l'histoire soutiennent le renom de la science tchèque, et contribuent à faire de l'Université l'un des plus puissants foyers de culture du monde slave. Si ce n'est point un trop fort paradoxe que de citer parmi l'école critique un poète, c'est ici que doit prendre place Machar, l'auteur de l'admirable poème philosophique du *Golgotha*, de pièces lyriques pleines d'un âpre pessimisme et surtout des *Tristes* viennoises, qui expriment, en vers âpres ou poignants, toutes les idées dont Masaryk a été l'apôtre.

Dans une dizaine ou une vingtaine d'années peut-être,

on pourra, parlant de la Tchécoslovaquie, faire sa place
à la littérature allemande d'inspiration bohême, où brille,
par-dessus tous les autres, le nom d'un grand poète comme
Moritz Hartmann. Pour la littérature slovaque, elle n'est,
en dépit de la différence dialectale, qu'une branche de la
littérature tchèque, moins ancienne (il n'y a que trois
quarts de siècle que le slovaque a voulu devenir une langue
littéraire) et moins riche que sa grande sœur — les conditions politiques et sociales de la Hongrie expliquent assez
pourquoi. Ses chansons populaires, tantôt d'un entrain
sauvage, tantôt d'une pénétrante mélancolie, lui constituent
un pur trésor. Hurban-Vajanský est un romancier de mérite, Paul Országh, illustre sous son pseudonyme de Hvěz-
doslav, un poète qui a fait pour sa langue ce que Vrchlický
a fait pour le tchèque, Kukučin un excellent prosateur,
dont l'œuvre donne le tableau vrai et animé de la vie du
paysan slovaque, Krasko (Jan Botto) un élégiaque charmant dont les vers harmonieux sont peut-être ce qu'il y
a jamais eu de plus musical dans la littérature tchécoslovaque. Sous l'influence de Masaryk, la jeunesse slovaque
a commencé, il y a trente ans, la revision des idées tradi-
tionnelles, une évolution vers la pensée moderne, un mouvement de rapprochement intellectuel avec la Bohême, qui
tendait au rétablissement de l'unité de la langue littéraire.
Les grands changements politiques qu'a amenés la guerre
renforcent ce courant, en même temps qu'ils en modifient
peut-être un peu la direction. C'est pour la vie intellectuelle
tchèque un immense enrichissement que la fusion avec ce
peuple slovaque, jeune, sensible, artiste, à l'âme à la fois
énergique et douce, en qui, depuis le réveil national, les
meilleurs patriotes tchèques ont toujours vu la grande
réserve et le grand espoir de la nation.

Au contact exclusif de l'allemand quotidien, la langue tchèque s'est chargée de tournures lourdes et d'expressions gau-
ches, vagues ou plates, qui ne sont point de son génie. En
rapports désormais étroits avec les littératures de l'Occident,
elle se défera de ces défauts, et l'influence slovaque l'aidera
certainement aussi à reprendre sa pureté. Le tchèque et
le slovaque se rapprocheront-ils jusqu'à se pénétrer réciproquement, même jusqu'à se confondre ? Il serait téméraire

de risquer là-dessus une prévision. Mais il semble certain que si les divergences phonétiques les maintiennent séparées, les expressions et les tours de chacun prendront de plus en plus droit de cité dans l'autre, et que, par le style et par les idées, ils ne feront vraiment plus qu'un. De voir le slovaque abandonné comme langue littéraire au profit du tchèque, il y a peu de chance, en dépit des vieux droits historiques de celui-ci : la conscience slovaque est aujourd'hui trop développée, et l'égalité des deux branches de la nation a été trop solennellement proclamée pour principe de la République. Aussi bien, il serait grand dommage de voir disparaître l'idiome plus sonore, plus harmonieux et plus naïf qui si doucement résonne du pied des hautes montagnes aux rives du grand fleuve.

II. — LES ARTS.

Par la rencontre des influences étrangères et de l'âme profondément artiste du peuple, la terre tchécoslovaque s'est, au cours des siècles, couverte de merveilles d'art. Prague est l'une des plus belles et des plus intéressantes parmi les villes de l'Europe. De la sombre et émouvante Vieille Synagogue et du poignant cimetière juif, dont la pioche des démolisseurs a malheureusement brisé le cadre unique, à la chapelle romane de Sainte-Croix, à la cathédrale de Saint-Guy, au vieil Hôtel de Ville, à l'église de Týn, à la charmante Tour poudrière, aux places idylliques de Malá Strana, aux ravissantes bonbonnières Louis XVI de Dienzenhofer, c'est, dans un site incomparable, la plus rare accumulation de joyaux d'architecture. Les musées et les anciennes galeries privées, tels le palais Nostic ou le monastère de Strahov, s'enorgueillissent de richesses qui les égalent à certaines des plus célèbres collections d'Europe. Aux portes de Prague, le château de Karlův Týn, un peu plus loin celui de Křivoklát, la vieille ville hussite de Tábor, Kutná Hora avec sa « cour italienne », bijou de la Renaissance, Jičín avec sa vieille place évocatrice du xviie siècle ; plus loin encore les villes endormies du Sud Ouest de la

Bohême, Prachatice, Krumlov (Krumau), Jindřichův Hradec (Neuhaus), anciennes capitales de principautés féodales, Hildesheim ou Rothenburg en miniature ; en Moravie les antiques églises de bois, si curieuses, les beaux castels de la Renaissance et du XVIIIe siècle, Olomouc et ses monuments ;·en Slovaquie, Bratislava dont les ruines imposantes d'un immense château dominent les vieilles rues tortueuses et les portes, Levoča (Löcse, Leutschau), autre réplique des vieilles villes de Thuringe, de Souabe ou de Franconie : noms pris au hasard d'une longue liste, qui attestent la gloire artistique de la République tchécoslovaque.

Le peuple, ce peuple de paysans si longtemps opprimés, a le sens inné de l'art. Dans son habitation, dans son costume, dans ses chants, se révèlent ses dons et son aspiration à la beauté. Tous les peuples slaves subissent l'attraction des vives couleurs, et, chez tous, on retrouve certains motifs familiers de décoration. Ici les collections du musée ethnographique de Prague, celles du Musée national slovaque de Turčianský Svatý Martin, les intérieurs des fermes de la Bohême ou de la Moravie, surtout les maisons peintes et ornées de la Slovaquie, portent témoignage de la finesse et du goût de la race ; les amateurs s'arrachent, quand ils peuvent encore les trouver, les broderies ou les dentelles exécutées pour leurs trousseaux rustiques par les mains patientes et subtiles des jeunes paysannes. Cet art populaire, original, fort d'une vieille tradition, tout plein de la fraîcheur d'une éternelle jeunesse, c'est la gloire artistique la plus originale des pays tchécoslovaques, et, dans la lutte pacifique des peuples pour le progrès humain et la culture, l'un des titres les plus solides qu'ils puissent présenter.

Ce que la Tchécoslovaquie a de meilleur dans ses arts plastiques, c'est précisément ce qui a le plus puisé à ces sources populaires. L'histoire de la peinture tchèque est dominée par deux grands noms, dont l'éclat fait pâlir tous les autres, deux gloires nationales, Joseph Mánes et Nicolas Aleš.

Mánes, comme le dit M. Denis, « rend avec un charme délicieux les sentiments les plus fugitifs de l'âme populaire » ; il est, selon l'expression d'un critique tchèque, le premier peintre-poète de l'art tchécoslovaque. Il découvre sa vocation, plus exactement il se révèle à lui-même durant ses longues études à Munich, à la veille de 1848 : au contact de l'Allemagne toute soulevée de passion nationale, il prend conscience de sa propre nationalité tchèque, de son devoir envers son peuple. 1848 est une grande date dans sa vie, et dans toute l'histoire de l'art tchèque. Jusque-là, les artistes n'avaient, dans une société à la fois très jeune et très vieille, trouvé faveur et appui que dans la noblesse, dont les Mécènes gardaient toujours une réserve assez hautaine et ne leur accordaient qu'une protection distante et quelque peu tyrannique. La nouvelle bourgeoisie, née des bouleversements de 1848, voit en eux des égaux, et ses plus précieux alliés au service de l'idée nationale. A Kroměříž (Kremsier), où il est appelé pour faire le portrait des députés tchèques au Parlement autrichien, Mánes découvre le charme national de la Moravie, qui jusqu'à ses derniers jours exercera sur lui sa séduction ; elle l'entraîne plus loin, vers la Silésie, vers la Slovaquie ; et, dans son œuvre, le paysan tchécoslovaque tient le premier rang, tantôt peint dans sa vie quotidienne de travail, tantôt servant de modèle aux héros dont le peintre illustre ses vastes scènes de légende slave. Des portraits pleins de vérité et d'expression, des études délicates et robustes complètent une œuvre brillante, profondément une dans son apparente diversité, dont le mérite est également dû au dessin et à la couleur, l'un étonnamment ferme et sûr, l'autre d'une richesse discrète et nuancée, une œuvre toute remplie de la « divination géniale de l'âme tchèque ».

Sa tradition, interrompue près de vingt ans, est reprise par Aleš, moins connu, et peut-être encore plus original. Toute l'histoire tchèque, jusque dans ses parties légendaires et mythiques, revit dans les cartons qu'Aleš a faits pour la décoration murale du Théâtre national, et dans ses dessins pour le cycle de la vie des anciens Slaves. Popularisés par l'image, ses scènes et ses types populaires ont entretenu ou éveillé dans l'âme de deux générations tchécoslovaques le sentiment national ; on l'a justement appelé le dernier des « éveilleurs » tchèques. A côté de cette spontanéité et de cette vie, les grandes machines historiques de Brožík, le modernisme réaliste de Hynais, peintre de la lumière, semblent froids et sans vie. L'influence française est actuellement représentée par Mucha, passé de l'affiche à l'illustration, et de celle-ci à la grande composition historique, dans cette immense *Épopée slave* à laquelle il se donne désormais tout entier, et par Kupka, réaliste ironique, satirique mordant, qui met au service de l'invention la plus riche une technique parfaite. A l'inspiration nationale de Mánes et d'Aleš, au contraire, se rattachent à des degrés divers Slavíček, l'un des meilleurs paysagistes tchèques, et le grand maître de l'impressionnisme dans son pays, Švabinský, qui peu à peu abandonne la peinture pour le portrait à la plume, dont il est l'incomparable virtuose, et pour la gravure sur bois, et surtout Úprka, le peintre des Slovaques de Moravie, qui, vite dégagé de l'influence munichoise qu'il avait subie à ses débuts, note, dans ses tableaux qui sont presque sans composition, l'impression la plus directe de la nature et de la vie des hommes dans sa petite patrie ; il est le plus lui-même dans les paysages des midis brûlants illuminés encore par l'éclat des costumes aux couleurs brillantes où domine le rouge cru.

En sculpture, Myslbek, disciple aussi de Mánes, a doté Prague de l'imposant monument qui se dresse sur la place Saint-Venceslas, devant le Musée bohême. Formé par l'influence française, il y a plié ses disciples, dont certains (Sucharda, Kafka), qui ont passé par l'atelier de Rodin, l'ont subie encore plus forte que leur maître. C'est dans l'art de François Bílek que se rencontre actuellement le plus d'inspiration nationale. L'architecture tchèque d'hier et d'aujourd'hui n'a point produit de chefs-d'œuvre ; mais c'est le sort de toute l'architecture contemporaine. Du moins des édifices comme le Musée bohême, dressé en haut de la place Saint-Venceslas, le Théâtre national, et même, dans un ordre plus utilitaire, la gare centrale de Prague (gare Wilson) soutiennent sans faiblir la comparaison avec les monuments de Vienne. A les voir, on regrette davantage la débauche de goût « munichois » qui, sur les ruines de l'adorable vieux quartier juif, bousculant la Vieille Synagogue, écornant le vieux cimetière, a dressé, comme une criante provocation au goût et à l'art, l'insolence des façades surchargées de la Mikulášská.

C'est dans la musique que triomphent les Tchèques et les Slovaques. Elle est, chez eux, une vieille tradition : depuis le xviiie siècle, les palais et les grandes maisons bourgeoises de Prague en sont des temples. Mais aussi et surtout, elle est dans le pays l'art profondément national, l'art inné de tout le peuple. Nombreux ont été, au cours des deux derniers siècles, les musiciens tchèques, compositeurs ou exécutants, qui ont dû passer la frontière pour trouver à employer leur talent, surtout dans d'autres pays slaves. Mais la terre tchécoslovaque ne produit pas seulement des artistes en plus grande proportion que tout autre pays ; la musique y tient, dans toute la vie sociale, intellectuelle et affective, dans toute l'âme nationale, plus de place peut-être qu'en nul autre pays. On cite ce trait que, durant la guerre, ce n'est pas au théâtre seulement, mais dans les salles de concert aussi que les foules se pressaient, pour y soutenir ou y exalter leur foi patriotique, y puiser un réconfort et l'espoir en un avenir délivré de l'oppression étrangère. Dans un semblable milieu, l'essor musical est naturellement très puissant. Les chœurs et les orchestres tchèques sont célèbres ; des compagnies comme le Quatuor tchèque ont illustré dans le monde le nom de la nation ; un maître de l'archet comme Kubelik, un virtuose de la voix comme Burian, des chefs d'orchestre comme Kovařovič et Nedbal, des compositeurs comme Novák et Suk, l'un plus puissant, presque violent, l'autre plus mélancolique et plus varié, soutiennent aujourd'hui brillamment l'honneur de la musique tchèque. Elle reste pourtant dominée par les grands noms du passé : Smetana (1824-1884), dont la *Fiancée vendue* (1886) a fait le tour du monde, et Dvořák (1841-1904), l'auteur des *Danses slaves* et des *Légendes*, d'une génération plus jeune que lui. Chez tous deux, l'inspiration nationale est éclatante ; mais chez Dvořák, plus naturel, plus fougueux, plus rêveur, le tempérament slave l'emporte, tandis que Smetana, le patriarche et l'initiateur, a du premier coup trouvé le secret d'être à la fois très national et très universel et humain : c'est, aussi bien, le sens du réveil tchèque et l'idéal de ses penseurs. Fibich (1850-1900), que l'on égale parfois à ces deux maîtres, plus savant, plus raffiné, le Vrchlický de la musique, comme on l'a nommé, reste nettement au-dessous d'eux. Une jeune génération, dont les noms commencent à devenir célèbres, Ostrčil, Jirák, Vycpálek, Štěpán, travaille avec succès à unir la tradition de Smetana à des aspirations nouvelles.

III. — Les sciences.

Les sciences exactes semblent offrir aux Tchécoslovaques moins d'attraits que les sciences morales, les lettres et les arts. On n'y rencontre point parmi eux, dans le passé, de nom qui s'inscrive au rang des illustrations européennes : des physiologistes comme Purkyně, des médecins ont fait honneur à leur race, mais c'est à Vienne qu'ils enseignaient, et longtemps le monde ne les a connus que comme des Autrichiens. Prague a bien été jadis, sous Rodolphe II, un centre d'études scientifiques, mais c'est à des étrangers, Kepler, Tycho Brahe, qu'en était dû l'éclat. Si l'on était tenté d'admettre, avec certains, que c'est la Contre-réformation qui a étouffé l'esprit scientifique en Bohême, il y a là un fait qui ne laisserait pas que d'ébranler un peu l'autorité de semblable explication.

A défaut de très grands noms, la Tchécoslovaquie donne aux sciences nombre de très bons travailleurs, précis, solides, distingués, dont la contribution aux progrès des connaissances est des plus honorables, surtout dans le domaine des sciences appliquées. Les ingénieurs tchécoslovaques méritent encore plus de réputation qu'ils n'en ont ; les chimistes sont bons, certains physiciens éminents, et, parmi les mathématiciens même, quelques noms sont cités par les spécialistes avec considération ou respect. Les géologues font d'excellente besogne. La Faculté de Médecine de Prague compte des cliniciens de premier ordre, formés aux leçons des maîtres de Vienne, de Berlin et parfois de Paris ; et dans leurs élèves d'aujourd'hui, dont les études à l'étranger sont désormais plus faciles et plus variées, ils se préparent des successeurs dignes de leur tâche.

Mais ce n'est point encore ni l'école de savants, ni la tradition scientifique qui conviennent à un grand peuple.

La liberté politique nouvelle, affranchissant la science tchécoslovaque des subtiles entraves qui jusqu'ici l'empêchaient de prendre son essor, lui donnera-t-elle école et tradition ? Verra-t-on, l'ambition nationale stimulant l'effort scientifique, se former à l'ombre des chaires et des laboratoires de Prague cette pléiade de savants de renom européen, la seule chose peut-être qui manque encore à la nouvelle République pour lui permettre de soutenir sans péril, en tous les domaines, la comparaison avec les plus avancés et les plus complets des peuples et des États du monde d'aujourd'hui ?

APPENDICE

—————

I. — La presse.

On a vu plus haut (p. 44) quels sont les traits les plus caractéristiques de la presse tchécoslovaque. Il reste ici à marquer la place que tiennent dans la vie de la République les publications périodiques, et à faire connaître très sommairement les principales d'entre elles.

On comptait dans la République tchécoslovaque, en 1920, plus de 1.700 publications périodiques, dont les trois quarts en tchèque ou en slovaque, et les neuf dixièmes du reste en allemand. Dans ce total, les journaux proprement dits entraient pour à peu près les deux cinquièmes ; il en paraît donc près de 650 sur le territoire de la République. Prague a à elle seule une vingtaine de quotidiens importants, dont la plupart ont une édition le matin et une autre le soir. A Košice, ville d'une cinquantaine de mille d'habitants, il s'en publie une dizaine, autant à Bratislava, qui marche vers les 100.000. Cette abondance de feuilles, qui tout d'abord surprend, s'explique pourtant de façon très naturelle. On a, en Tchécoslovaquie, la passion de la politique ; les nuances d'opinion et les partis sont nombreux, et tout chef de groupe qui se respecte veut avoir son organe. Chacune des nationalités du pays, et il y en a trois, même, avant la séparation de la Silésie orientale, il y en avait quatre, a comme de juste sa presse en sa langue, et dans chacune sont représentées toutes les couleurs de l'arc-en-ciel politique. Une partie commerciale développée, des annonces abondantes, comme dans la presse d'Allemagne ou d'Autriche, donnent à la plupart des journaux les moyens de vivre, et permettent à certains d'être des entreprises commerciales excellentes.

La presse de la capitale n'a pas le monopole de diriger l'opinion. La décentralisation historique, qui a maintenu l'activité de la vie provinciale ou cantonale, et le groupement régional des nationalités assurent à certains journaux de province une influence sérieuse, et donnent aux meilleurs d'entre eux une autorité qui rivalise avec celle des plus grands de Prague. On peut citer entre autres les *Lidové Noviny*, de Brno, le *Český Denník* ou la *Nová Doba* de Plzeň, les *Narodnie Noviny* de Turčiansky Sv. Martin, le *Slovenský Denník*, de Bratislava, et, entre les journaux allemands, la *Reichenberger Zeitung*, le *Pilsner Tagblatt*, la *Freiheit*, et surtout la *Morgenzeitung* de Moravská Ostrava, très nourrie, très informée, très bien faite, si l'on ne considère pas sa tendance politique, et dont le rayon d'action s'étend sur la Moravie, la Silésie, la Slovaquie orientale et jusqu'en Galicie. Dans la presse magyare de Tchécoslovaquie on ne rencontre point de journal qui s'élève au niveau de ceux-là.

Les feuilles tchèques étant, en général, inaccessibles à l'étranger occidental, il se rejette, pour peu qu'il ait quelque teinture de l'allemand, sur les journaux de cette langue. Tous, ils lui présentent les événements politiques non seulement de la Tchécoslovaquie, mais du monde entier, sous le jour le plus favorable à l'Allemagne, avec des nuances, certes, et très sensibles, dans le parti pris et la partialité, mais toujours avec parti-pris et partialité. Au temps de l'Autriche, les Tchèques avaient, pour exposer et défendre leurs idées, un journal allemand, *Union*. Pour en prendre la place, une société tchèque, que l'on dit appuyée par le gouvernement, vient de lancer un grand journal allemand, *Prager Presse*. D'autre part, Prague a vu naître, dès les premiers mois de la République, un journal en français, la *Gazette de Prague*. Conçue d'abord à l'intention de la colonie étrangère à la fois comme journal d'informations mondaines et organe de propagande, la *Gazette* a peu à peu dépouillé le premier de ces rôles pour se donner tout entière au second, de sorte qu'en vérité elle s'adresse aujourd'hui, malgré qu'elle en ait, plus aux pays étrangers qu'aux habitants étrangers de Prague. On dit qu'elle est destinée à s'élargir, dans quelques mois, en un grand journal du type de la *Prager Presse,* où celle-ci trouverait son pendant.

Parmi les publications périodiques autres que les journaux, les plus nombreuses, 300 environ, sont du domaine du commerce et de l'industrie. L'économie politique, théorique ou appliquée, en compte près de 150 ; la religion, l'administration et la littérature d'agrément, chacune à peu près 100, la pédagogie et la philosophie 75. Il est remarquable que la proportion des publications allemandes réponde à peine à celle de la population allemande dans la République. Pour tirer de ce fait des conclusions plus précises, il faudrait sans doute, connaître le nombre des abonnés et des lecteurs des divers groupes nationaux de périodiques, et aussi les dates et les conditions de leur création. A première vue,il semble bien que cette constatation prouve que la vie intellectuelle et sociale est chez les Tchécoslovaques au moins aussi active que chez les Allemands.

Les principales revues de caractère général, qui traitent les questions politiques, intellectuelles et économiques, dans un esprit de haute vulgarisation à demi-scientifique, sont *Česká Revue (La Revue Tchèque), Naše Doba (Notre temps), Nové Čechy (La Bohême nouvelle). Česká Demokracie (La Démocratie tchèque)* et *Realistickă Stráž (La Sentinelle réaliste)* sont des revues de doctrine et de critique politique et sociale, un peu austères peut-être, mais très pleines, toutes deux organes de groupes indépendants, l'une assez proche du parti socialiste tchèque, l'autre d'une fidélité intransigeante au réalisme de Masaryk. *Socialistické Listy (Pages socialistes)* est l'hebdomadaire du socialisme réformiste, *Akademie* la revue mensuelle d'un socialisme plus orthodoxe. Parmi les revues économiques tchèques, *Národohospodářský Obzor (Revue d'économie politique)* a une tenue scientifique et fait une très large place aux questions de doctrine ; *Český finančník (Le financier tchèque)* envisage d'un point de vue plus pratique l'ensemble des affaires économiques ; *Průmyslový Věstník (Le Messager de l'industrie)* est une source abondante de renseignements économiques. On peut trouver des indications pratiques sur la vie économique de la Bohême dans la revue *France-Bohême* publiée à Paris. Parmi les publications allemandes, l'hebdomadaire économique *Die Wirtschaft* est bien fait, et la revue mensuelle *Deutsche Arbeit in Böhmen* s'applique à faire ressortir l'importance de la place que tiennent les Allemands dans la vie de la République.

L'Office de statistique de Prague publie des *Rapports* dont il paraît une édition française, un *Bulletin* consacré surtout aux questions de méthode de la statistique, et un *Manuel*, avec une édition française. Un certain nombre de documents importants, Constitution, lois, discours, programmes, sont publiés en français et en anglais dans des brochures qu'édite la *Gazette de Prague*. Il convient enfin de signaler ici une publication qui doit, si elle suit l'exemple de ses modèles, devenir un périodique annuel, le *Československý Kompas (La boussole tchécoslovaque)*, mine des renseignements les plus précis sur la finance, le commerce et l'industrie de la République. Dans l'ancien *Kompass* austro-hongrois, qui groupe désormais en un volume spécial les matières qui concernent la Tchécoslovaquie et la nouvelle Autriche, on peut, quand on n'est pas à même de consulter un *Kompas* tchèque, trouver l'essentiel.

Le plus connu des journaux quotidiens tchèques et le plus volontiers cité est les *Národní Listy (Feuilles nationales)*. C'est un grand journal par le format, par la matière, par l'aspiration à donner une information étendue et à exercer une direction sur l'opinion publique. Peut-être est-il plus lu que suivi. Il représente l'orthodoxie nationale-démocrate, dont s'écarte un peu, au profit d'une conception socialisante, l'autre grand journal du parti, les *Lidové Noviny (Journal du Peuple)* de Brno. Bien fait, très nourri, d'esprit assez critique et de jugement indépendant, *Lidové Noviny* se rapproche en cela de *Tribuna*, assez nouveau journal de Prague, qu'il est difficile de classer dans un parti, dont l'inspiration est réaliste, et dont la facture montre un peu les risques, mais surtout le bénéfice qu'offre à l'esprit tchèque une intime collaboration avec l'élément isréalite. *Čas (Le Temps)* est le quotidien des réalistes, feuille de professeurs, dont chaque article est une dissertation, et qui ne sacrifie guère aux grâces : il n'attirera jamais lo grand public, mais, pour quiconque est capable d'un effort, il est une mine précieuse et riche. *České Slovo (La parole tchèque)*, l'organe des socialistes tchèques, a, au contraire, le don de simplifier, de l'élan, une fougue parfois trop impétueuse. *Venkov (La campagne)*, le grand journal agrarien, qui passe pour le mieux fait des journaux tchèques au point de vue métier, a quelque penchant à chercher la nouvelle à sensation, mais souvent, surtout par les articles de ses collaborateurs universitaires, fait autorité. *Čech (Le Tchèque)* s'adresse aux lecteurs catholiques ; *28 Řijen (Le 28 octobre)*, organe des socialistes réformistes, inégal, est souvent très attachant. *Národní Politika (La politique nationale)*, journal neutre, avec un léger faible pour la démocratie nationale, s'adresse au public le plus large. Dans la presse socialiste, *Právo Lidu (Le Droit du peuple)*, organe officiel du parti démocrate socialiste tchécoslovaque, un peu compact, a en général de la tenue, et souvent des idées ; *Rudé Právo Lidu (Le Droit du peuple rouge)* a essayé de s'approprier son titre, sans réussir à lui prendre ses qualités ; et *Rovnost (L'Egalité)*, de Brno, reste à droite du *Rudé Právo*, mais se tient à gauche du *Právo Lidu*.

Longtemps bridée par les chicanes magyares, et s'adressant à un public dans l'ensemble moins éclairé et moins aisé, la presse slovaque est de format et de prétentions plus modestes. Son horizon est resté encore plus strictement provincial : mais elle tend visiblement à s'émanciper et à se mettre à la hauteur de sa dignité nouvelle. *Narodnie Noviny (Le Journal national)* de Turčiansky Sv. Martin a le prestige de l'âge et de la tradition nationale, dont la petite ville, qui aspire au titre de capitale de la Slovaquie, est depuis près d'un siècle le foyer. Bratislava, la capitale administrative et économique, en plein essor, dispute à Martin son influence, et *Slovenský Denník (Le Journal de Slovaquie)* est pour la vénérable feuille un sérieux concurrent.

Dans la presse allemande, *Prager Tagblatt* occupe une place à part. L'abondance et le sérieux de ses informations politiques et commerciales lui ont valu dans les deux nationalités une clientèle telle qu'on le nomme plaisamment le plus répandu des journaux tchèques. Plus raisonnable et plus courtois que ses confrères de sa langue, quand même très allemand, il arrive à ne satisfaire que l'élite allemande réfléchie, et, si lu qu'il soit, il n'exerce pas d'influence. Il est la feuille des étrangers qui veulent se tenir au courant des choses de Tchécoslovaquie, mais il va, dans ce rôle, se heurter à la *Prager Presse*. A côté de lui, *Bohemia* représente le germanisme agressif et provocant, qui, dans *Reichenberger Zeitung*, est d'un demi-ton moins violent. *Freiheit*, qui paraît à Teplice, est le journal de la démocratie socialiste allemande, dont, à Bratislava, *Volksstimme* et *Népszava* *(La voix du peuple)* répandent les idées dans la population ouvrière allemande et magyare. *Morgenzeitung*, de Moravská Ostrava, d'une nuance plus nationaliste que *Prager Tagblatt*, lui ressemble beaucoup.

II. — LA REPRÉSENTATION DIPLOMATIQUE ET CONSULAIRE.

Les légations de la République tchécoslovaque se répartissent actuellement, de fait, en trois catégories. Les unes sont gérées par des ministres : Belgrade, Berne, Bruxelles, Bucarest, Copenhague, La Haye, Londres, Paris, Rio-de-Janeiro, Rome (Quirinal et Vatican), Tokio, Varsovie et Washington. D'autres, Berlin, Sofia et Vienne n'ont provisoirement que des chargés d'affaires. A Budapest et à Constantinople, enfin, le gérant de la légation porte encore le titre de délégué du gouvernement. Quand tous les traités qui ont mis fin à la guerre seront ratifiés, il est probable que tous les postes diplomatiques seront également confiés à des ministres. Le consulat général de Madrid, les consulats de Rjeka (Fiume) et de Buenos-Aires, situés dans les États où la Tchécoslovaquie n'entretient pas de légations, doivent être cités à côté des postes diplomatiques (Madrid est en train de devenir légation). Les autres sont purement consulaires : consulats généraux à Paris, Hambourg et Dresde, Belgrade et Ljubljana, New-York, Opole (Oppeln), Sidney, consulats, entre autres, à Lyon, Alexandrie d'Égypte, Milan et Gênes, Zurich, Bombay, Munich, Francfort et Vladivostok.

Le corps diplomatique de Prague comprend dix ministres

(Belgique, Espagne, États-Unis, France, Grande-Bretagne, Grèce, Italie, Pays-Bas, Roumanie, Royaume des Serbes, Croates et Slovènes) et le nonce du pape ; de plus quatre chargés d'affaires, Allemagne et Autriche, Bulgarie, Pologne. La Suisse n'avait à Prague jusqu'ici qu'un consulat, qu'elle vient d'ériger en consulat général, la Hongrie qu'un bureau des passeports. La France a un vice-consulat à Bratislava, la Grande-Bretagne y a un consulat et un autre à Prague, la Yougoslavie un consulat général à Prague, l'Allemagne et les Pays-Bas des consulats à Brno.

Les indications essentielles sur la diplomatie tchécoslovaque ont été données ci-dessus, pages 49 et 50.

.III. — Les voyages en Tchécoslovaquie.

Les chemins de fer tchécoslovaques ont trois classes pour les voyageurs, organisées comme en Allemagne : les compartiments de troisième classe à dix places, ou huit dans les voitures à couloir, ceux de seconde à huit ou six, ceux de première à six ou même quatre ; il y a souvent des demi-compartiments, de trois places en seconde, trois ou deux en première. Le matériel qui a fait la guerre est assez fatigué, la couverture des sièges et des dossiers disparate et parfois réduite à une assez simple expression, l'éclairage discutable ; celui qui a été sérieusement réparé, et surtout celui qui a été construit depuis l'indépendance, soutient sans désavantage et parfois avec succès la comparaison avec le nôtre.

Il circule dans certains express de grand parcours des vagons-lits de première et seconde classe de la Compagnie internationale, et des vagons-restaurants.

Les tarifs ont été relevés à diverses reprises. Ils sont calculés par zônes, de longueur croissante, de 2 ou 3 kilomètres jusqu'à 50, de 5 entre 50 et 100, de 10 entre 100 et 250, de 25 ensuite jusqu'à 400, de 50 au delà. La seconde classe coûte le double de la troisième, et la première le double de la seconde. Pour l'usage des express, les voyageurs ont à payer un supplément fixe, gradué en cinq échelons : il majore le prix du billet dans des proportions décroissantes, de 1330 % au premier échelon de la première zône jusqu'à 20 % dans la dernière. Pour les trains de luxe, le prix du billet est encore majoré de 50 %, indépendamment du supplément spécial payé à la Compagnie des wagons-lits.

Aucune franchise de bagages n'est accordée. La taxe est d'environ 0 cour. 20 par 10 kilogs et 10 kilomètres. Pour les trains express, elle est majorée de 50 %.

Les hôtels des grandes villes répondent en général à l'attente des voyageurs habitués à nos bons hôtels de second premier ordre. On s'étonne d'en trouver quelques-uns, dans des villes secondaires, qui l'emportent de beaucoup sur ceux de centres plus importants. Dans les petites villes, si la propreté est généralement suffisante, le confort et l'élégance laissent presque toujours à désirer. La Slovaquie est, à ce point de vue, en sensible retard sur la Bohême. Les stations climatiques ou thermales ont des palaces qui rivalisent avec les plus fameux de l'univers, et aussi de très bons hôtels, moins luxueux et tout aussi confortables.

L'industrie hôtelière est une de celles qui promettent à des réformateurs entreprenants les meilleurs résultats. Prague a vu s'ouvrir récemment son premier hôtel vraiment moderne, et ce n'est sans doute qu'un début.

L'étranger qui pénètre dans un restaurant est souvent frappé de l'air de brasserie allemande qu'il y remarque, et notamment d'un certain laisser-aller dans la tenue des dîneurs. C'est un reste de l'ancienne atmosphère provinciale, qui disparaîtra à mesure que la Tchécoslovaquie sentira plus profondément le souffle des grands courants de la circulation européenne. La cuisine tchèque ne peut être vraiment appréciée que dans les maisons particulières, où on en conserve toutes les finesses ; mais elle est dans la plupart des restaurants fort honorable. Les soupes, les boulettes de farine *(knedlík*, pluriel *knedlíky)* que l'on accommode de toute manière, notamment au lard ou aux prunes, le porc rôti à la choucroute sont ceux de ses produits avec lesquels le voyageur étranger entre le plus souvent en contact. Dans ce pays de fruits les compotes et les confitures sont naturellement abondantes et bonnes ; les entremets et la pâtisserie sont des spécialités justement appréciées.

Des syndicats d'initiative s'organisent dans nombre de

villes et de régions. Ils faciliteront l'œuvre des grandes associations qui ont pris à tâche d'attirer les voyageurs étrangers dans la République. Leur action est centralisée par l'Union tchèque des Syndicats d'initiative et l'Office des étrangers à Prague. La Slovaquie a son bureau spécial de renseignements à Bratislava. Les consulats tchécoslovaques et certaines agences de banques ou de voyages peuvent à l'étranger, ou fournir eux-mêmes des renseignements précis ou indiquer à quelles sources les puiser.

BIBLIOGRAPHIE

Les quelques livres et revues indiqués ci-dessous, français, allemands, ou anglais, permettront de compléter les renseignements du texte.

I. — Géographie et ethnographie.

Élisée RECLUS, *Nouvelle 'Géographie universelle*, t. III, *Europe centrale*. — Quoique déjà ancien, est encore d'une lecture utile et suggestive.

SUPAN, *Œsterreich Ungarn*, 3ᵉ volume de Kirchhoff, *Unser Wissen von der Erde*. Leipzig, 1889. — Trop bref sur les pays tchécoslovaques, mais net et précis.

Die Œsterreichisch-ungarische Monarchie in Wort und Bild : Böhmen I et II, Mähren et Schlesien, Ungarn IV¹ et IV². Vienne, 1894, 1898, 1900. — Disparate, diffus, souvent imprécis, mais beaucoup de renseignements et de nombreuses illustrations.

E. de MARTONNE, *L'Etat tchécoslovaque*, dans *Annales de Géographie*. Paris, 1920.

AUERBACH, *Les Races et les nationalités en Autriche-Hongrie*, 2ᵉ éd. Paris, 1918.

CARTE au millionème, de l'Etat-major tchécoslovaque, tirée au Service géographique de l'Armée française.

ATLAS d'Otto. *Politické rozdělení Československé republiky* (carte des nouvelles divisions administratives), Prague, 1920.

II. — Histoire.

Ernest DENIS, *Hus et les Hussites ; La fin de l'indépendance bohême ; La Bohême depuis la Montagne-Blanche*. Paris, 1878, 1890, 1903. — Ouvrage capital, en 5 volumes, histoire complète des pays tchèques du XIVᵉ siècle jusqu'à la fin du XIXᵉ.

Ernest DENIS, *La question d'Autriche : les Slovaques*. Paris, 1917.

R. W. SETON-WATSON, *Racial problems in Hungary*. Londres, 1908 ; — *German, Slav and Magyar*. Londres, 1916. — Très nourris et très clairs.

NIEDERLE, *La Race slave*, traduction Louis Léger, 2e édition. Paris, 1917.

L. LÉGER, *La renaissance tchèque au XIXe siècle*. Paris, 1910.

Count LÜTZOW, *Bohemia, a historical sketch*. Londres, 1906.

EISENMANN, *Le Compromis austro-hongrois de 1867*. Paris, 1904.

FRIEDJUNG, *Œsterreich 1848-1860*, 2 vol. Stuttgart, 1908-1910.

E. BENEŠ, *Détruisez l'Autriche-Hongrie*. Paris, 1917.

Les pays tchèques, publié par un groupe de Français, édité par la Ligue franco-tchèque. Paris, 1917.

E. FOURNOL, *De la Succession d'Autriche*, Paris, 1918.

III. — VIE ÉCONOMIQUE.

Manuel statistique de la République tchécoslovaque. 1920.

Kompass, Deutschösterreich und Tschechoslowakei. Vienne, 1920.

Československý Kompas, Prague, 1920 et suiv.

IV. — LETTRES ET ARTS.

JELINEK, *Littérature tchèque contemporaine*. Paris, 1912.

L'art tchèque contemporain. Prague, 1920.

HANTICH, *La musique tchèque*. Paris, 1906.

V. — RECUEILS ET REVUES.

La République tchécoslovaque. Prague, 1920.

La Nation tchèque. Paris, 1915-1919.

Le Monde slave. Paris, 1917-1918.

The New Europe. Londres, 1916-1920.

TABLE DES MATIÈRES

ABBEVILLE. — IMPRIMERIE F. PAILLART

LES ÉTATS
CONTEMPORAINS

PRIX : 5 francs.